이주옥의
풍경 하나

이주옥의

풍경 하나

수필과비평사

작가의 말

풍경이 사람을 품고,
사람이 풍경에 기대고

 지구상에 사람만 있다면 어떨까, 아니면 풀과 나무, 바다 등 풍경만 존재한다면 어떨까 하는 생각을 하곤 했다. 풍경이 사람을 품으면 갑자기 온기가 일고 사람이 풍경에 기대고 있으면 남루한 행색도, 결핍에 절은 마음도 윤기가 나고 풍요로워졌던 경험.

 관심은 사랑의 다른 이름이라 했던가, 무심히 스쳐 지나는 타인의 모습에서 불현듯 나를 만나기도 하고, 오래되고 낡은 골목에 드리운 고진한 흔적에서 오히려 생의 의욕을 얻기도 했다. 그러면서 고갈되고 낡아가던 정서가 순화되고 인간에 대한 원초적인 연민까지 싹텄다. 그렇게 매 순간 달라지는 풍경의 파노라마 안에 마음을 걸어 두고 그 풍경과 어우러져 사는 게 생의 순리라는 것을 배웠다.

어느 작가는 '산다는 건 저 혼자 우격다짐하는 게 아니라 제 그늘에 덧붙인 여러 그늘의 연대'라고 했다. 사람과 풍경 또한 마찬가지 아닐까. 서로 어울리면서 사람 또한 아늑한 풍경으로 돌아가고 풍경은 사람을 껴안으면서 완전한 자연으로 돌아가는 것이리라.

매일매일 같으나 다른 풍경을 만드는 것은 내 마음이다. 감히 어느 풍경에도 겉돌지 않는 사람이 되는 꿈을 꾼다.

2024년 가을에

차례

작가의 말   4

제1부   그대, 풍경이 되다

봉선화를 훔치는 여자   12
그들의 여름은 뜨거웠다   15
그녀의 끽연   18
그 남자의 1분을 위하여   21
별을 쫓는 아이   24
귀여운 아재   28
도시에 핀 사람꽃   31
그녀도 여자였다   34
꽃보다 남자   37
넘어진 세월   40
계란밥을 먹는 아이   43
어느 청년의 아침   46
늙음의 뒤에 서서   49
꽃을 짊어진 남자   52

제2부 풍경에게, 말을 걸다

장이 익어가는 골목   56
초록의 자비   59
그날의 한강   62
길상사의 봄길   65
깃발처럼   68
그들의 궤도 이탈   71
낙엽을 치우는 까닭   74
명자 누님 앞에서   77
민들레의 집   80
벚꽃 연가   83
비둘기, 둥지 틀다   86
돈 세다 잠드소서   89
캐리어의 자유여행   92
커피에 관한 小考   95
숨을 틔운다는 것   99
버려진 양말   102

제3부 풍경 밖에 서다

엎드린 저녁	106
오래된 구두	109
그에게 낙점됐다	112
다시 올 수 없는 시간을 건너며	115
멋진 그대, 김 소령	118
줄을 서다	122
지나갈게요	125
서민 영화관, 1열 직관	128
그녀가 벗었다	131
함께 가는 사람들	134
어떤 반전	137
강하게, 더 강하게	140
떠난 사람을 바라보며	143
샤르자의 시인	146
연필로 그리는 삽화	150
영역을 반납하며	154

제4부   풍경에게
걸어가다

봄동 별곡   158
손을 흔드는 시간   161
조락凋落의 시간   164
호박을 말리며   168
파꽃이 피었다   171
반려伴侶를 반려返戾하는 일   174
까꿍, 웃어보자   177
오늘은 어디로 갈까요?   180
그녀의 혼술   183
반듯하면 재미없어요   186
하얀 바람   189
중년 세레나데   192
멀티플레이어   195
우리들의 노래   198
그대 관리하시나요   202
담쟁이의 푸른 기상   205

제1부

그대, 풍경이 되다

봉선화를
훔치는
여자

신축 오피스텔 건물 화단에는 여러 가지 식물들이 심겨있다. 미색 목수국이 연두빛 이파리를 뚫고 소담하게 몸을 풀어 더위마저 청량하게 바꾼다. 도로변으로는 베고니아가 앙증맞게 쪼르르 키재기를 한다. 커다란 정원석으로 장식된 가변에는 이들 식물들과는 어울리지 않은 봉선화가 몇 그루 있다. 생뚱맞은 조합이다 싶지만, 누군가의 정서가 대변된 듯해 흐뭇하기도 하다. 하지만 지나치는 사람들은 봉선화에 대해 별 감흥도 없을 젊은이들이 대부분이라 딱히 눈길을 받지 못하는 처지다.

그날, 멀리 작달막한 키에 꽃무늬 통바지를 입은 중년 여인이 사방을 두리번거리는 모습이 보였다. 여인은 잠깐 엎드리더니 이내 허리를 편다. 서 있을 때는 빈손이었는데 마치 마술사처럼 순에 무언가가 들려있었다. 봉선화 한 포기. 꽃 몇 송이가 아닌, 뿌리째 뽑은 모양이었다. 하지만 엉덩이 뒤 편으로 슬쩍 감추는 눈치다. 급기야 나랑 나란히 걷게 된 즈음이 되자 여인은 자꾸 걸음을 늦춘다. 손은 엉덩이 뒤에서 버벅대면서.

어림잡아 나이는 70살 언저리로 보인다. 분명 봉선화는 그녀에게 낯익고 정다운 식물일 테다. 언제부터 꽃을 눈여겨보았는지 알 수 없지만 오늘 작심하고 나섰을 것이라 짐작된다. 근데 멀리서나마 그 거사를 지켜본 눈이 있었으니 얼마나 난감했을까. 그래도 그 누군가인 내가 당도하기 전에 재빠르게 끝내 버리는 민첩함이라니. 그러면서 스스로 안도했을까, 아니면 민망함과 두려움에 가슴이 두근거렸을까. 와중에 봉선화 포기에 달린 파란 이파리는 눈치도 없이 자꾸 엉덩이 뒤에서 삐죽거리며 얼굴을 내민다.

여인은 봉숭아 꽃물을 들이고 싶었나 보다. 그사이에 아련한 어린 시절도 소환됐으리라. 희미하지만 첫사랑도 부록처럼 딸려 왔으려나. 무릎에 앉혀 꽃물 들여주던 엄마까지 그리웠겠지. 봉숭아 꽃물이 첫눈 올 때까지 손톱 끝에 남아 있으면 첫사랑을 만난다는 설화 같은 이야기도 그녀의 거사를 부추겼을지 모르겠다. 근데 꽃송이 몇 개가 아니라 통째로 뽑은 걸 보니 꽤 장기전으로 가겠다는 속셈이렷다. 화단이든 화분이든 심어 두고 해마다 여름이면 연례행사를 치르겠다는 거 말이다. 그녀가 뽑은 봉선화는 단지 손톱을 빨갛게 물들이는 것 너머에 한 여인의 소녀가 있고 어머니가 있고 고향이 소롯이 있을 것 같아 나는 눈감아주기로 했다.

그녀의 걸음이 늦어지는 사이에 나는 반대로 조금 빨리 걸었다. '나는 당신의 행위를 보지 못했고 설사 봤더라도 충분히 당신의 정서와 감정에 공감한다'는 제스처였다. 백주대낮이었으니 완전범죄를 노린 것은 아닐 것이다. 거기에 설사 누가 볼지라도 절도로 몰아 곤란한 지경까지 않으리라는 자가 판단도 했겠지 싶다. 자기 소유의 화단이 아니었고 소유주의 허락을 받은 것도 아니니 엄밀히 따지면 문제가 되는 것은 분명하다. 그러나 나는 봉선화가 오래도록 그녀의 울밑에서 소담히 피어 해마다 주홍빛 추억과 함께 즐겁고 행복하기를 기원하며 그녀의 행위를 철저히 방조하기로 했다.

그들의 여름은 뜨거웠다

호랑이보다 더 무섭다는 여름 손님이 되지 않으려고 부모님을 역귀성시켰다. 실로 1년여만의 상봉이었다. 그사이 나는 할머니가 됐고 손자가 돌이 됐다. 1세대와 4세대의 갑작스러운 상면은 생각보다 훨씬 자드락거렸다. 아이는 초면에서 오는 경계심과 어쩔 수 없는 끌어당김 사이에서 혼란스러웠고 증조부모는 마음보다 더 빨리 나가는 몸짓으로 아이에게 다가들며 그사이에 가벼운 실랑이를 벌였다. 하지만 축지법이라도 쓴 걸까. 단걸음에 서로에게 가 닿았다. 거역할 수 없는 피돌림과 줄기세포의 강렬함은 이내 경계를 무너뜨렸다.

아이의 함박웃음과 거침없는 스킨십은 윤기 잃은 노인들의 살갗을 촉촉하게 만들었고 격의 없고 안온한 피붙이의 포옹에 아이의 온몸은 순하게 말려들었다. 질펀하게 떨어지는 사랑의 샘물은 한여름의 온도를 높이기도 하고 내리기도 하는 요술쟁이였다.

오랜만에 상경한 친정 부모님은 슬하에 7남매를 뒀다. 아버지는 93세, 어머니는 89세다. 많은 자식들이 힘이고 자랑인 세대다. 아직은 두 분 모두 거동이 용이하고 자력으로 의식주 해결이 가능하지만 자식들 마음 한쪽에 늘 염려가 되고 애잔한 존재다. 아버지는 4번째 자식 때부터 "내가 결혼식에 손이나 잡고 들어가려나 모르겠다"는 말로 늙음을 공시했고 우린 그런 이야기를 어쩌다 발밑으로 들어온 불특정한 공처럼 방향 없이 한번 되돌려 차며 가볍게 여긴 것이 사실이다.

일곱 자식 중 여섯 자식이 서울 언저리에 서식하는지라 아버지 현역 은퇴 후에는 계절마다 한 번씩 상경하는 일이 가장 중요하고도 재미난 일이 됐다. 하지만 세월 앞에 장사 없고 시간은 사람의 기력까지 데리고 흐르는지라 차츰 운신의 폭이 좁아지면서 상경 횟수가 줄었다. 특히 어머니가 오래 차를 타는 것을 힘들어했다. 그 사이 자식들 사이에서는 누가 한 번 더 뵈러 가고 덜 가는 걸로 자잘한 내분이 있었지만 아직은 두 분이 무탈하다는 것으로 심각한 갈등까지는 아닌 상태다.

증손자 탄생 1년이 지나도록 성장 소식을 모바일로만 전해 들다가 현판 대조하며 눈앞에서 만지고 본 2박 3일의 시간은 한 세기에 가까운 세대 간 거리를 단숨에 뛰어넘은 채 최선으로 뜨겁고 친밀했다. 새벽이면 잠든 노 할아버지에게 기어가 망설임 없이 입을 맞추고 평생을 근엄한 얼굴로 어떤 표현도 어색해하던 구순의 증조부도 뽀뽀 세례를 퍼붓는다. 아장아장 막 걷기 시작한 증손자는 본능적으로 다가가 품을 파고들었고 증조부모는 이런 아이를 눈에 넣고 마음에 안고, 그리고 핸드폰 초기화면에 사진으로 영구 박제했다. 그렇게 뜨거운 상봉의 시간을 지나 '언제 또 보려나 모르겠다'는 서글프고도 아련한 인사를 남기고 부모님은 귀환했다. 이제 막 안녕의 손짓을 배운 채 헤어짐의 본질을 본능적으로 느끼는 증손자는 떠나는 증조부의 발길을 서너 번 멈춰 서게 만들고 증조모는 끝내 눈시울이 붉어졌다. 아무런 계산도, 바람도 없이 건네는 아이의 유순한 본성 앞에 끝없이 뻗어가고 닿은 줄기세포의 본능. 건강하고 굳건한 뿌리가 만들어 낸 가장 찬란한 성하盛夏의 선물이었다.

그녀의
끽연

    허름한 숙소 앞 작은 화단에 여자가 앉아있었다. 숏컷 머리에 피부가 티 없이 깨끗하고 하얀 외국인이었다. 평소 숙소에서 내놓은 대형 쓰레기봉투가 놓여있던 자리, 마침 비도 부슬부슬 내리는데, 여자는 우산도 쓰지 않고 쭈그려 앉아있었다. 누구를 신경 쓴다거나 의식하는 얼굴이 아닌, 그냥 무심한 표정에 눈은 18도 정도의 각도로 아래를 향하고 있었다. 언뜻 뭔가에 충격을 받은 듯도 싶고 세상사 다 초월했다는 듯 무구해 보이기도 했다. 쭈그린 무릎 위로 쭉 뻗은 오른쪽 손가락 사이엔 연기가 피어오르는 담배 한 개비가 들려 있었다. 순간 지나쳤는데도 그녀가 뇌리에 남았다. 어느 나라에서 이곳까지 왔는지, 온 지는 얼마나 됐는지, 동행자가 있는지 등등 내 특유의 오지랖이 발동해 궁금하기만 했다. 그러면서도 그녀의 표정과 손가락에 끼인 담배는 썩 잘 어울린다는 생각이 들었다.

오가며 심심찮게 담배를 피우는 여자들을 목격한다. 때론 동료로 보이는 남녀가 후미진 주차장에서 맞담배를 피우며 담소를 나누기도 한다. 언젠가는 유모차를 밀던 서너 명의 여자들이 우르르 카페로 몰려들어 태연하게 담배를 피우던 장면은 내겐 진풍경에 가까웠다.

여자의 흡연이 더 이상 특별한 것이 아닌지 오래다. 단순한 기호품에 남녀를 구분하냐는 항변에도 동의한다. 하지만 그럼에도 나는 여전히 힐끗거리게 된다. 그녀들의 흡연 장소는 대부분 외지고 적당히 등을 돌리고 선다. 이는 스스로 당당하지 않고 시선을 의식한다는 얘기가 될 테다.

19세기 말에서 20세기 초에 탄생한 서양의 문학작품과 그림 속에는 담배 피우는 여성의 모습이 꽤 자주 등장한다. 대부분 퇴폐성을 띠거나 저항의 의미를 내포한다. 문화나 사회적인 차원으로 담배라는 도구를 이용한 걸 보면 서양에서도 여자의 흡연에 대해 긍정적이거나 일반적인 인식은 아니었던 모양이다. 핀란드 화가 엘린 다니엘손 감보기의 작품 〈아침 식사 후〉(1890)에는 어질러진 식탁을 치우지 않은 채 다소 풀어진 모습으로 담배를 피우는 여자가 있다. 아마도 단순한 기호품이 아닌, 여자에 대한 인식론의 저항 내지는 결핍과 고독을 치유하는 용도로 사용된 듯하다. 또 미국 작가 록산 게이가 쓴 에세이 《헝거》에서는 담배로 '몸의 허기'를 채운다는 대목도 있다. 그녀는 작품 속에서 '밥 먹고 피우는 담배' 맛을 언급한다. 속칭 '식후 땡'의 묘미가 그때부터였는지 모르겠다.

언젠가 딸아이가 사다 준 최승자 산문집 《한 게으른 시인의 이야기》는 작가가 헝클어진 머리를 하고 담배를 입에 물고 있는 무채색 사진이 표지로 장식됐다. 그 사진을 보며 읽기도 전에 미리 글의 성향을 예감하기도 했다. 정신분열증에 시달렸던 그녀의 글은 그런 표지가 찰떡으로 어울릴 만큼 적당히 파격적이고 적당히 퇴폐적이었다. 최승자 시인이 '행복이란 별도로 존재하는 게 아니라 불행이 없는 것이 행복이라는, 조금은 쓴, 그러나 넉넉한 인식뿐일지도 모른다'는 결론에 도달하는 데 담배가 역할을 한층 더 했을까.

그날 아침 타국에서 흩뿌리는 비를 맞으며 망연한 눈빛으로 담배를 피우던 그녀는 어떤 인생철학을 얻어냈으려나.

그 남자의
1분을
위하여

 남자는 무방비 상태였다. 마치 야생의 동물처럼 어느 보호장치도 없이 부여된 조건에 자신의 몸을 내던져놓고 있었다. 대범함이라고 해야 할지 무모함이라고 해야 할지. 남자는 서울 종로 익선동 좁은 골목 어느 낡은 대문 앞에 자리 잡았다. 최소한의 가림막도 없이 맨 볕 아래 앉아 있다. 파라솔은 물론 모자도 쓰지 않았다. 어느 때는 내리비치는 햇빛 아래서 졸고 있을 때도 있다. 순간 어느 가게 돌출된 차광막 아래라도 비집고 들어설 만큼 배짱도, 치열함도 없는 듯 보여 은근히 화가 나기도 하다. 가진 것이라곤 자신이 앉은 의자와 플라스틱 보조 의자 하나, 그리고 작은 나무표지판과 그림을 그릴 수 있는 몇 개의 펜이 전부다. 나무판에는 영어로 Caricature Paint, 그리고 1minute라고만 쓰여 있다. 1분 만에 초상화를 그려준다는 뜻이다. 자리 잡은 곳도 신중하게 재고 따지지 않고 그저 적당하다 싶고 마음이 내키는 대로 정했다는 느낌이 들지만 1분 만에 그려준다는 말도 무책임해 보였다.

   종로 3가를 아우르고 있는 익선동은 어느 날 깨어났다. 오래되고 낡은 한옥들이 역시 늙어가는 주인들을 껴안고 소리 없이 누웠다가 어느 날 시대와 상업과 젊음이 문을 두드리자 기지개를 켰다. 좁은 골목골목들은 서로 스쳐 지나가기가 힘들 정도로 사람들이 북적거린다. 원래 있던 것들은 자의로, 타의로 한 뼘씩 한 걸음씩 영역을 나눠줬지만 덕분에 골목은 생기를 찾았고 시쳇말로 핫플이 됐다. 하지만 극명한 양면과 어쩔 수 없는 부조화가 공존한다. 오히려 외국인들의 관광 성지가 됐고 원주민들은 오래된 나무 대문을 밀치고 고개만 삐죽 내밀어 어쩌다 한 번씩 골목을 구경하는 눈치다. 훅 끼쳐 들어오는 다국적 향기가 있고 다국적 언어가 골목을 점령해 이도 저도 알아들을 수가 없어 늘 시끌벅적하다.

   분명 남자도 이렇게 불특정 다수가 진을 친 사이에 슬며시 끼어들었으리라. 치열함도 의욕도 없이, 살아나는 것들을 붙들고 덩달아 살아보고 싶었던가. 남자 앞에 놓인 의자는 대부분 비어있다. 뭐 내가 종일 죽치고 앉아 지켜보는 것이 아니어서 단정 지을 수는 없지만 대부분 그렇다는 것이 불안한 요소로 자리한다.

   먹고 산다는 명분은 준엄하지만 때로는 서글프고 뻔뻔하게도 만든다. 그러니 남자도 어차피 거리로 나선 이상 내리쬐는 햇빛도 염두에 두면서 피하고 목 좋은 자리를 차지하려는 아귀다툼도 해야 하지 않을까. 1분이면 가능하다는 문구조차도 양심에 찔려 망설였는지 모른다. 단 1분일지언정 땡볕에 앉아 그에게 얼굴을 내밀고 앉아 있을 젊은이가 있을까. 남자의 1분이 속절없이 덜컥거리는 것 같아 쓸쓸하다. 민소매에 드러난 검은 팔뚝처럼 남자의 속도 그렇게 타고 있지나 않은지. 아니 뜨거운 햇볕에 그의 희망까지도 녹고 있지 않은지.

별을 쫓는 아이

널따란 공원에 별부스러기가 휘황하게 쏟아져 내린다. 노란색, 연두색, 붉은색의 반짝임에 아이의 눈이 휘둥그레진다. 이제 돌을 막 지난 아이는 쏟아지는 별을 잡으려고 손을 내민다. 하지만 이리저리 움직이는 별은 쉽게 잡히지 않는다.

큰딸 가족은 어둑해진 집 앞 공원으로 산책을 나섰나 보다. 사위가 보내온 영상에는 무지개색 불빛이 요리조리 날아다니고 그 빛을 쫓느라 정신없이 뒤뚱거리는 아이의 모습이 담겨 있었다. 대리석 벽돌이 말끔히 깔린 공원 바닥을 관리처에서 레이저 빛을 쏘아 지상의 별밭을 만들어놓았다. 영상에는 이런 불빛에 연신 환호하는 아이들의 목소리도 담겼다. 이제 걸음마를 뗀 아이는 황홀한 표정으로 발밑에 깔린 별을 잡으려고 연신 손을 뻗쳤다. 빨간 별

하나가 아이의 손바닥에 얹힌다. 손을 오므려 별을 잡아들이는 찰나, 빛은 빠르게 이동해 다른 곳에다 별을 만들어 쏟아 놓는다. 눈 깜짝할 사이에 사라져버린 별을 바라보는 아이의 눈빛에 당혹스러움이 가득하지만, 어느 때보다 반짝거린다. 순식간에 별을 놓친 아이는 어안이 벙벙한 얼굴로 빈 손바닥을 쳐다보고 또 달아나는 별을 쳐다보기를 반복한다.

아이 아빠는 아이의 손을 이끌고 몇 발자국 옆으로 데려간다. 이제 아이의 손에 초록별이 앉는다. 다시 별을 손바닥 안에 꼬옥 쥐어보지만 이내 달아난다. 잡으려 하면 자꾸 사라지는 별은 아이에게는 신기루 같은 존재다. 그래도 아이는 포기하지 않고 별을 쫓는다.

만 1년을 인간 세상에 사는 아이는 별이 하늘에 뜨는 것이라는 것을 아직은 모른다. 그 별을 쉽게 잡을 수 없다는 것도 알지 못한다. 순간, 하늘보다는 지상에서 먼저 별을 만난 아이에게 별은 어떤 물체로 새겨질까 싶다. 아마도 지상에 가득히 빛나는 것이고 어디서나 손으로 쉽게 잡을 수 있는 것으로 인식될지 모르겠다. 별은 저 멀리 닿을 수 없는 곳에 있는 것이고 누구든 쉽게 따거나 잡을 수 있는 물체라는 사실이 차라리 아이에게는 다행일까. 아이는 달아나는 별을 쫓아 뒤뚱거리며 달려간다. 젊은 아빠는 그런 아이에게 어떻게든 별 하나 쥐어주고 싶은가 보다. 어린 아들에게

반짝반짝 빛나는 별을 따 주려고 무릎걸음 하며 용을 쓰는 모습이 뭉클하다. 어쩌면 지금이 아니면 별은 영원히 잡을 수 없다는 것을 잘 아는 어른으로서의 절박한 몸짓인지도 모르겠다.

별은 저 멀리서 빛나는 것이기에 오히려 닿을 수 없는 미지의 세계나 꿈의 저쪽에 있다. 사람도 최고의 자리에 있을 때 우리는 별이라고 말하고 쉽게 다가가지 못한다. 돌아올 수 없는 길로 떠난 사람에게도 하늘의 별이 됐다며 영원한 별리의 대상으로 여긴다.

아이는 내게 할머니라는 낯설고도 준열한 이름을 붙여줬다. 내가 인간에게 이토록 무한정한 사랑을 느껴봤을까 싶을 만큼 절대적 함량의 사랑 덩어리다. 어화둥둥 내사랑이라는 말이 절로 나오게 어여쁜 내 삶의 별이다. 초보 아빠에게도 마찬가지리라. 저 멀리 바라만 볼 수 있는 별은 아무런 의미가 없다. 아이의 아빠는 자꾸만 달아나는 별을 잡으려는 아이를 바라보며 눈주름 접어 무연히 웃는다. 아이는 지금 자신의 우주에 가장 빛나는 별일 것이다. 손 내밀어 닿을 수 있는 거리에서 가장 찬란하게 빛나는 별.

귀여운 아재

　다리의 실루엣이 제법 드러나는 슬림한 바지, 단추 두어 개 풀어헤친 남방에 얇은 가디건을 입고 등에는 최신 디자인의 백팩을 매고 밑창이 유독 얇은 스니커즈를 신은 남자. 아무리 쳐다봐도 나이 가늠이 어렵다. 얼핏 대학생처럼 보이기도 하고 신입사원처럼 보이기도 한다. 그는 올해 갓 오십이다. 얼마 전엔 아들이 군 제대를 했다. 개인회사의 중책을 맡고 있긴 하지만 비교적 자유로운 회사 분위기가 그의 스타일을 만드는 데 한몫하고 있다. 출퇴근에 꼭 넥타이 맨 정장 차림을 하지 않아도 딱히 제재를 안 받기 때문이다. 휴일이면 국적 불명의 로고가 박힌 헐렁한 티셔츠나 통이 넓은 배기바지를 입기도 한다. 유행하는 트렌드를 빨리 받아들이며 인터넷 쇼핑몰을 이용해 그때그때 유행하는 생활용품이나 액세서리를 구입한다. 아들이 알게 모르게 그의 옷을 입고 외출하지만, 짐짓 모른 척한다.

동안이 대세인 시대다. 물리적인 나이는 어쩔 수 없다 하더라도 보여 지는 나이에 민감한 시대, 남성들의 피부과나 성형외과 출입이 어색하지 않다. 남성 화장품도 여성 화장품만큼이나 다양하다. 대충 스킨로션 정도 바르던 때와는 달리, 세안 제품부터 피부톤을 만드는 B.B크림까지. 정형화된 몇 가지에 국한됐던 의상들도 색깔부터 디자인까지 무진한 변화를 보인다.

80년대를 주름잡던 남성 세대는 X세대로 분류한다. 낡은 청바지에 닳은 농구화를 신어도 기가 죽거나 부끄럽지 않았다. 그 시절은 커피 한잔이라도 여자에게 돈을 쓰게 하면 체면 구기는 일이었다. 여자에게 무엇인가 해주는 능력을 보여줌으로써 '아저씨'라는 호칭이 오히려 지위나 재력을 대신하는 말이기도 했다. 요즘과 비교하면 가히 유물 같은 사람들이다.

지금은 MZ세대에 이르렀다. 자칫 시대에 뒤처지는 단어를 구사하고 트렌드에 반反하는 패션으로 나서면 그대로 '아재'가 된다. 시대 지난 유머라도 구사하면 단박에 '아재 개그'라며 대화 단절이다. 물리적인 나이를 떠나 의식 자체가 구태의연하고 보여지는 비주얼이 요즘 트렌드에서 비껴나는 스타일은 젊은 여자들의 기피 대상 1호다.

나만의 스타일이나 의식은 소신일 수 있다. 그런 뚝심 있는 소신은 한 사람의 인품이 되기도 하는 것이기에 섣불리 변화를 요구

할 수는 없다. 하지만 시류를 무시하고 유행을 무시하는 혼자만의 스타일은 더 이상 환영받지 못하는 현실, 그때그때 유행을 적당히 수용하고 따르는 것도 긍정적인 삶의 방식이리라.

사람은 쉽게 변하지 않지만 문화나 유행은 숨 가쁜 속도로 변한다. 그러니 어쩔 수 없이 사람이 그 시류를 따라갈 수밖에 없다. 유행은 돌고 돈다고 한다. 특히 가장 먼저 남녀 간 의상에서 그것을 확인할 때가 많다. 여자들은 물론이고 남자들의 의상에도 그에 못지않게 빠른 변화를 보인다. 무엇보다 우선 바지가 슬림해진 것이 눈에 띈다. 나만 해도 여전히 통 넓은 신사 바지를 입은 남자를 보면 조금 생경하다. 발 빠르게 첨단 패션스타일을 따라가지는 못해도 최소한의 트렌드를 따를 수 있는 센스는 가졌으면 좋지 않을까 싶어서다.

이 시대는 남의 시선이나 평가에 연연하지 않는 뚝심이 더 이상 남자다움으로 분류되지 않으니 이 안타까움을 어찌할까. 물론 어울리지 않는 난해한 복장이나 스스로 소화하지 못한 유행어를 마구 구사하라는 얘기는 아니다. 시대가 요구하는 다양한 방식과 유행도 간과하지 말 일이다. 최첨단 패셔니스트를 무차별 넘보는 것이 아닌, 적당히 트렌드를 받아들이는 여유와 감각을 가짐으로써 세상 속에 파고드는 귀여운 아재가 되는 것은 어떨까.

도시에 핀
사람꽃

　안국동 네거리에 빨간 꽃 한 송이가 피었다. 언제 씨를 뿌렸길 래 겨우 며칠 힘을 쓰기 시작한 햇살 몇 자락만으로 저렇게 크고 소담스러운 꽃을 피웠을까. 새빨간 빛깔의 꽃 한 송이는 매일 조금씩 조금씩 몸을 열고 색을 더하는 자잘한 꽃들을 일순간에 제압한다. 많이 부드러워졌다고는 하나, 바람은 아직도 끝에 뾰족한 성깔을 남기고 있는데 한 송이 꽃의 위력에 저절로 고개를 숙이는 듯하다. 기상청에서는 연일 오르락내리락하는 기온에 '오늘은 얇은 옷을 입어라', '다시 패딩을 꺼내 입으라'며 사람들을 뜻밖의 갈등에 빠지게 만들고 있다. 옹골지게 뒤끝을 물고 있는 겨울은 봄에게 선뜻 문을 열어주지 않고 있다. 하지만 이런 예보 따위는 가소롭다는 듯이 한 송이 꽃이 제 깜냥껏 만개했다.

 점심 후, 볼일이 있어 운현궁 앞을 지났다. 담벼락에 부딪는 햇살은 유난히 다사롭고 한국 최초의 학교라는 교동초등학교 안내판 앞에 선 초로의 남자는 한껏 여유로운 자세로 뒷짐을 지고 천천히 읽어내린다. 유년을 소환하며 타임머신을 타는 듯하다. 궁 안에 우뚝 솟은 노거수에도 연초록 새잎이 돋는 중이다. 길가에 명자꽃, 매화꽃도 한두 개씩 꽃망울을 터뜨리며 회색 도시에 색을 입힌다. 도심의 궁궐을 찾은 사람들은 이미 가슴에 상춘이 한 가득인지 드문드문한 초록을 맞으러 일찌감치 행차했다.

 그중 가장 생기를 더하는 것은 사람 꽃인가. 지하철 출구 앞 횡단보도에 활짝 핀 사람 꽃 한 송이. 나이 육십은 넘음직해 보이는 한 남자가 빨간 셔츠에 선글라스를 끼고 은빛 캐리어를 끌고 서 있었다. 볼록한 뱃살이 드러날 정도로 몸에 달라붙는 빨간 앙고라 재질의 반 팔 셔츠를 입은 남자는 보무도 당당하게 횡단보도를 건너고 있었다. 그 곁에 아직 패딩 외투와 기모 바지를 벗지 못한 젊은이가 부끄러운 듯 뛰어간다. 오랜 코로나에 가까스로 마스크 해제를 알렸지만 미세 먼지와 황사가 복병으로 다가와 여전히 입막음 신세다. 하지만 이미 마음 안에 들어온 봄을 어쩌겠는가. 남자는 과감히 반소매 옷을, 그것도 빨간색으로 차려입고 이제 막 색을 띠기 시작한 이른 봄을 한 쾌에 장악해버렸다.

하양을 간신히 벗고 분홍 쪽으로 꽃잎을 벙그는 벚꽃과 겨우 붉음을 향해 발을 뗀 명자꽃은 그 강렬한 빨강 앞에서 맥을 추지 못하고 다시 오므라들 태세다. 노거수의 몸통을 뚫고 나온 연두도 차마 얼굴 들고 나서기가 무색하다. 이미 봄을 붙잡은 사람과 빨강이 이뤄낸 합작은 무적의 용사였다. 진격하는 사람의 봄에게 이미 적수는 없어 뵌다. 아마도 남자가 끌고 가는 은빛 캐리어에도 봄의 한가운데로 향하는 설렘이 한가득 담겼으리라.

그녀도
여자였다

모퉁이를 돌자 희한한 광경이 눈에 들어왔다. 경찰 두 사람이 한 여자를 결박하고 있었다. 여자는 두 팔을 뒤로 꺾인 채 기다란 플라스틱 음식물 수거통 위에 엎디어 있었다. 온몸을 뒤틀며 격렬하게 저항하는 눈치였으나 젊은 남성 두 사람을 감당하기에는 역부족으로 보였다. 거기다 남성들이 제복을 입었으니 심리적인 압박감도 있었으리라. 일은 이미 진행되는 상황이라 무슨 사연인지는 제3자인 내가 알 수 없었다. 그렇다고 그들의 행위를 곁에 서서 지켜보기에는 뭔가 공포스러워서 재빨리 현장을 지나쳐야 한다는 생각뿐이었다.

제법 넓은 골목이었지만 오가는 사람은 하나도 보이지 않았다. 그건 그들 모두에게 다행이었다. 후들거리는 다리를 끌고 빠른 걸음으로 집에 들어오면서 도대체 무슨 잘못을 했길래 대낮에 저런 결박을 당하고 있는지 몹시 궁금하기만 했다. 더구나 여자인데 경위야 어쨌든 경찰들의 행위가 조금 과격하다는 생각이 든 게 사실이었다.

 여자는 상체가 기역 자로 꺾여져 있으면서도 혼신을 다해 발버둥 치고 입으로는 쉼 없이 거친 욕을 쏟아냈다. 한 음절 한 음절 또박또박 잘라서 내뱉는 욕은 찰지고 선명했다. 욕이란 원래 듣는 사람에게 날카롭고 둔탁한 형태로 전달돼 마음을 상하고 상처를 주면서 부정적으로 다가가는 게 목적 아니던가. 여자의 욕은 그런 면에서 충분히 효과적인 것 같았다. 스타카토로 분명하게 뱉는 욕은 귀에 딱딱 들어앉게 강단졌고 경찰들의 우격다짐을 충분히 대적하고도 남았다. 욕은 여자의 삶을 미루어 짐작하게 했다. 욕을 통해 간신히 자신을 보호하고 지탱하며 살아온, 말 그대로 신산한 삶을 대변했다. 경찰들은 그런 욕설에 흔들리거나 당황함 없이 덤덤하게 여자를 짓누르는 데 전력을 다하고 있었다.

 도대체 여자는 무슨 잘못을 한 것일까. 남의 물건을 훔쳤을까, 아니면 지명 수배자였을까, 혹시 손에 무기라도 쥐었던 것일까. 훈계하거나 인근 지구대로 연행하는 것이 아니라 길거리에서 포박할 정도면 그에 준한 잘못을 저질렀을 텐데 도저히 짐작되지 않았다. 오로지 여자의 저항하는 몸짓과 거친 욕설만 크게 들릴 뿐

경찰의 입을 통해 상황을 알 만한 단서는 나오지 않았다.

집으로 들어온 뒤에도 여자의 욕설은 그치지 않고 들려왔다. 두려운 장면인데도 창문을 빼꼼 열고 내다봤다. 그런데 조금 전까지 삼엄한 상황을 연출했던 경찰들이 금세 사라지고 없었다. 내가 방금 헛것을 봤나 싶을 만큼 골목은 잠잠했다. 지구대는 불과 2~300m 거리에 있는데 그녀를 연행하지 않은 모양이다. 순간 혼란스러웠다. 끌고 가지 않을 일인데 길거리에서 여자에게 육체적 압박을 그리 심하게 가했단 말인가. 여전히 과잉 진압이라는 생각이 들어 여자만 안쓰러웠다. 그때였다. 여자는 흩어진 매무새를 다듬고 나뒹굴던 가방을 추스르더니 맨바닥에 주저앉아 큰 소리로 울기 시작했다. 장정 두 사람에게 욕을 하며 버티던 모습과는 영 달랐다. 난 베란다 안쪽으로 들어서서 여자의 울음소리를 들었다. 좀 전의 육탄전은 빨리 스쳐 지나 가줘야 하는 광경이었지만 여자의 울음은 조금 오래 들어도 괜찮을 것 같았다.

그녀의 삶이 그러했을 것이다. 스스로도 어쩔 수 없었던 신산한 삶이 입에서 육두문자를 쏟아내도록 만들었고 건장한 남자의 손아귀에서 버티고 저항해야 하는 근성을 키웠겠지만 그녀의 울음 끝에는 "왜 이리 살아야 하느냐"는 처절한 질문이 달려 있었다. 맨바닥에서 두 다리를 편 채 꺽꺽 토해내던 여자의 울음이 꽤 오랜 날 귀에 쟁쟁거린다.

꽃보다
남자

이른 아침 한 남자가 다리를 꺾고 앉아 노랗게 핀 꽃무더기 앞에서 카메라 셔터를 누르고 있다. 흔한 핸드폰 카메라가 아닌 일반 디지털 카메라를 들고 꽃을 향해 있다. 우연히 지나가다 하는 행위가 아닌, 작정하고 나온 듯하다. 피사체는 노란 씀바귀꽃이다. 보도블럭과 한 가게의 시멘트 담벼락 틈에서 대략 30센티가량 조르르 피었다. 아침 이슬로 몸을 적신 탓인지 유난히 싱싱하다. 건너편 신축 오피스텔 앞 화단에 서양 꽃 라넌큘러스가 화려한 자태를 자랑하는 것과는 확연한 대조를 이룬다. 하지만 오늘 아침 한 남자의 시선을 온통 사로잡은 씀바귀꽃은 건너편 라넌큘러스에게 내놓고 으스대도 될 것 같다.

대부분의 봄꽃들이 떨어지거나 퇴색한 지 여러 날, 이제 막 보랏빛 라일락이 꽃을 피워 향기가 번지는 즈음이다. 연둣빛 새순이 꽃보다 더 이쁘고 초록초록한 식물들이 눈을 정화시키는 오월, 남자는 키 작은 노란 꽃에 홀려 이른 아침 반무릎을 꿇고 렌즈를 들이대고 있다.

어느 시인은 '자세히 보고 오래 보아야 예쁘다'는 문장으로 작은 풀꽃을 찬양했다. 너그럽고 따뜻한 시인의 문장에 작은 풀꽃처럼 드러나지 않은 내 삶에 위안을 받았다. 이제라도 '너도 그렇다' 쯤에 닿으면 언감생심이겠다 싶으면서 말이다.

여기저기 꽃 축제 소식이 상춘을 부추긴다. 샛노란 수선화가 바다를 이루고 산머리를 다듬어 만들어 놓은 노란 유채꽃밭은 유배지 같던 섬을 사람들로 북적거리게 만든다. 드론으로 찍은 튤립 정원은 마치 네덜란드에나 온 것 같은 착각마저 든다. 경상도 어느 도로는 온통 이팝꽃나무가 뒤덮어 흰 쌀 대신, 보는 것으로 서민의 배를 불렸다는 전설 따위를 무안하게 만든다. 이제 아까시 꽃이 손짓할 것이고 곧 화려한 장미를 보기 위해 사람들은 재바른 운신을 할 것이다.

매양 그렇듯 누군가를 불러들이기로 작정하고 만든 꽃밭에는 사람 천지다. 봄이라는 계절이 춘심을 부르고 춘심은 그렇게 꽃무더기 속으로 들어가 황홀하게 만든다. 그에 반해 오종종한 작은 것들은 사람들의 눈길을 끌지 못한다. 더구나 어느 골목 구석

자리나 찻길에 핀 꽃송이는 먼지에 절어 제풀에 고꾸라질 뿐이다.

　남자는 왜 이 작은 꽃무리에 마음이 갔을까? 이른 새벽, 이슬 함초롬한 모습이 어여뻤을까. 아니면 술에 취한 어느 쓸쓸한 밤에 외등처럼 길을 밝혔을까. 그이의 소소하고 다정한 마음길과 눈길이 꽃만큼이나 향기롭다. 작은 것을 찾아 마음을 주는 일은 여느 마음과는 결이 다르다는 의미다. 아마도 남자는 자신의 SNS에 작은 꽃송이 사진을 올리고 그 아래 '어느 날 잠시 눈길 둔 곳에 핀 너는 참으로 어여뻤다'고 한 줄 적어 이 봄을 기록하려나. 나는 '어느 아침 작은 꽃을 향해 무릎을 접은 당신이 꽃보다 아름다웠다'라고 기록하겠다.

넘어진 세월

    토요일 오후의 신촌 거리는 번잡했다. 하지만 자동차와 젊은이들의 행렬이 조금은 날카로운 겨울 햇살의 호위를 받으며 생동감을 더했다. 그렇지만 난 모처럼 대중교통이 아닌 자동차를 끌고 나간 터라 분위기를 탈 여유가 없었다.

    4차선 도로 1차선에서 좌회전 신호를 기다리던 순간 오른쪽 차선이 갑자기 정체된다는 느낌이었다. 순식간에 버스 서너 대가 연달아 줄을 이으며 서행하고 우회전하기 위한 승용차 행렬이 꼬리를 물었다. 바쁜 운전자들은 일시에 차선을 바꾸며 노선을 잡았지만 대부분 이러지도 저러지도 못하고 혼돈을 겪는 듯 보였다.

    차가 빠져나간 틈 사이로 도로 가운데 엎어진 유모차 하나가 언뜻 보였다. 유모차 옆에는 검은 비닐봉지 두세 개와 허름한 종이봉투 한 개가 널브러져 있었다. 인도에는 목도리를 꽁꽁 싸맨 한 노인이 엎어진 유모차를 쳐다보며 허둥거리고 있었다. 넘어지는 순간을 보지 않았으니 확실한 경위는 자세히 모르겠다. 그래도 인도에 세워둔 유모차가 차도로 넘어졌을 것이라는 건 유추할 수 있었다. 바람이 넘어뜨린 것 같지는 않고 인도와 차도 경계선쯤에서 균형을 잃고 기우뚱거리다 차도 쪽으로 넘어졌으리라.

언제부턴가 노인들에게 지팡이 대신 유모차가 필수품이 됐다. 지팡이보다 바닥 부피가 넓어 안전하기도 하고 유모차 몸체에 몸을 의지할 수 있다는 점이 가장 이점이리라. 또 물건을 담을 수 있다는 것도 선호도를 높였을 것이다.

당황한 노인은 급기야 차도로 내려와 유모차를 일으켜 세우려고 용을 썼다. 하지만 쉽지 않아 보였다. 민첩성도 부족하고 힘도 모자란 탓인지 유모차도 일어서지 못하고 흩어진 봉투들도 자꾸 손아귀 안으로 걸려들지 않고 도로 가운데로 멀어진다. 의지할 유모차를 놓쳐버린 노인도 당연히 휘청거리고 있었다. 이래저래 난감한 상황에, 차량들도 쉽게 움직이지 못하고 운전자들 또한 노인을 무심히 바라볼 수밖에 없는 듯했다. 그렇다고 누가 선뜻 내려 노인을 도와주지도 않았다.

노인도 젊은 시절에는 짱짱한 힘으로 남자 못지않은 시절을 보냈을 것이다. 상상 못 할 분량의 물건을 번쩍 들어 옮겼을 테고 때론 장정처럼 어깨에 메고 휘적휘적 먼 길 가까운 길 마다하지 않고 넘나들었을 것이다. 마치 축지법이라도 쓰는 것처럼 재바른 몸짓으로 종횡무진 산과 내를 건너며 식솔을 건사했으리라. 하지만 세월 앞에 장사 없다 했다. 시간은 당사자의 동의도 구하지 않은 채 다가와서 일방적으로 '너도 어서 가자' 재촉한다. 거기에 기력을 뺏어가는 횡포도 부린다. 마음과 달리 행동은 굼뜨고 무심결에 벌어진 일에 대처 능력은 현저히 떨어진다. 노인도 그러했으리라. 예전 기개로야 넘어진 유모차 하나 한 손으로 일으켜 세우는 건 식은 죽 먹기였을 텐데. 스스로 서글픔을 느끼는 건 물론이고 자칫 옆 사람들에게 민폐를 끼치는 것도 같아 자괴감에 빠지기도 한다.

 살다 보면 내 맘대로 되지 않는 게 마음 뿐만은 아니다. 노화된 몸도, 내 것이지만 내 맘대로 되지 않는다. 몸에서 빠져나간 기력은 차가 질주하는 대로변에서 작은 유모차 한 대도 일으키지 못한다. 먼지 묻은 유모차에 몸을 기대고 걸어가는 노인의 작은 체구가 벌룬 인형처럼 나부낀다.

계란밥을
먹는
아이

아직 봄날같이 생생한 나이의 딸아이는 가끔 한 번씩 계란밥을 요구한다. 프라이팬을 약하게 달궈 흰자는 완숙에 가까워야 하고 노른자를 거의 살려야 한다. 뜨거운 밥에 익지 않은 노른자를 수저로 터트려 간장 한 스푼 반을 넣고 참기름 한 방울 떨어트려 비벼주면 된다. 김치는 물론, 어떤 다른 반찬도 필요 없다. 계란밥 한 스푼을 떠서 입어 넣을 땐 세상 흡족한 미소를 지으며 사르르 눈까지 감으며 행복에 겨워한다.

아이는 가끔, 회사에서 꽤 능력을 인정받는다고 스스로 자랑한다. 대표는 수시로 직원들 앞에서 대놓고 칭찬하니 때론 어깨가 올라가고 때론 민망스럽기도 하단다. 성격 탓인지 아니면 잘한다는 칭찬에 누가 되지 않아야 한다는 사회적 책임감 때문인지 매번 야근을 밥 먹듯 한다. 하루 세 타임으로 나누는 유동적인 회사 출퇴근 시간에 제일 첫 타임을 선택했다.

아무리 전날 늦게 귀가했더라도 새벽 5시에 일어나 풀메이컵을 하고 6시면 집을 나선다. 직원들 대부분 휴가를 내거나 부스스한 모습으로 나오는 것에 비해 독보적인 존재감으로 눈총반 존경반의 시선을 받는단다. 거기다 또래 직원들과, 때론 상사들과 함께 하는 술자리도 피하거나 빼지 않고 적극적으로 참여하는 눈치다. 그러니 일주일 중 아이의 얼굴을 보지 못하고 한밤중 기척으로만 귀가를 확인할 때가 태반이다.

나는 딸아이들이 술을 먹으면 다음 날 술국을 제대로 끓여주는 편이다. 큰아이는 대부분 정통 북엇국을 요구했지만 작은 아이는 고추장과 청양고추를 넣어 끓인 된장국으로 술밥을 청할 때가 있다. 전형적인 술꾼의 행태지만 내 슬하에 있을 때만이라도 그들의 요구에 응하고자 구시렁거리면서도 마다하지 않고 해낸다. 그러다가도 가끔 계란밥을 청한다. 그럴 때 웃으면서도 아이의 마음을 지그시 들여다본다. 아직은 마음속에 동심이 오두마니 앉았다는 얘길까, 아니면 뜬금없이 아련한 유년을 떠올리며 그때가 좋았다 싶기라도 한 것일까.

아이는 어쩔 수 없이 때론 삶의 노곤함을 말하며 괴로운 표정을 짓거나 시니컬한 웃음도 짓는 고달픈 사회인이다. 세상살이 녹록하지 않은 데, 그래도 이러저러한 어려움에 뒷걸음질하지 않고 직장을 다니는 것이 기특해서 때 없이 목울대가 시큰하기도 하다.

아이 또한 잊혀져가는 유년의 한 대목에 그 시절 즐겨 먹던 계란밥을 떠올리는지도 모른다.

어쩌면 슴슴하고 담백한 계란밥이 간간이 느끼는 삶의 허기를 메우는 대체방식인지도 모른다. 난 그때마다 식용유 대신 올리브유로 계란을 부치고 참기름을 듬뿍 넣는 것으로 위안을 건네고 간혹 소환시키는 유년에 풍요의 덧칠을 해 준다.

누군가는 '기억의 유실, 진행되는 망각은 우리를 난처하고 빈곤하게 만든다'라고 하지 않았던가. 아이는 오늘도 계란밥을 먹은 입술을 싹 닦고 평소보다 빨간 립스틱을 진하게 바르고 긴 트렌치코트를 걸치고 우아하게 출근했다. 하루하루가 더없이 풍요롭고 평화롭기를 바라며 저만치 희붐한 새벽길을 걸어가는 아이를 지켜본다.

이제 계란노른자 같은 산수유가 피어나고 흰자 같은 목련도 피기 시작한다. 계란노른자 같은 산수유 색이 바래고 흰자 같은 목련꽃 잎이 떨어지면 벚꽃이 만개할 테다. 내 아이의 시간시간들도 4월처럼 화사하고 찬란하기를.

어느 청년의
아침

오전 9시, 서서히 영역을 넓히는 햇살 아래 한 청년이 바닥에 앉아있었다. 하지만 청명한 햇살은 남루한 행색을 더 선명하게 보여줄 뿐 그를 다독이지는 못하는 듯했다. 아직 문을 열지 않은 가게 앞에 기대어 앉은 그는 낡은 재색 겨울 코트에 연갈색 운동화를 신고 있었다. 한쪽 다리는 앞으로 뻗고 다른 쪽 다리는 직각으로 세운 자세에다 고개는 다리 가운데를 향해 연신 방아를 찧는 중이었다. 세운 다리 위에 얹은 손에는 병 바닥에 간신히 닿은 소주 몇 방울이 덩달아 숙취로 흔들거리고 있었다.

그가 밤새워 마신 소주는 더 이상 들이킬 자리가 없던 것일까, 아니면 술을 마셔야 할 핑계를 잃었던 것일까. 몇 방울 남은 소주병을 버리지 못하고 비틀거리며 술집을 나왔을지도 모르겠다. 돌아갈 곳을 찾으며 골목을 헤매려면 술 한 모금은 더 필요했겠지.

풀리지 않는 청춘의 고뇌에 술병을 끌어안고 차오르는 속울음을 참느라 손등에 힘줄은 몇 번이나 부풀어 올랐을 테다. 마음보다 더 무거워진 몸 하나 누일 공간이 없는 집시 같은 인생이 서러워 깡소주를 목구멍에 쏟아 넣었을지도 모르겠다. 청년 곁에는 속으로 가라앉지 못하고 튀어나온 토사물이 차마 떠나지 못하고 햇빛에 꾸덕꾸덕 마르고 있었다.

아침엔 온몸이 꽁꽁 묶여 있던 포장마차들이 퇴근 시간이면 알전구를 켠 채 일제히 휘장을 들어올린다. 이곳에 자리 잡기 위해 퇴근을 서둘렀을 청춘들은 아직 만나지 못한 서로를 부르느라 전화기를 귀에 대고 소리를 높이고 있다. 그들의 목소리는 자동차와 배달 오토바이 배기음과 뒤엉켜 불협화음을 만들고 거리는 온통 소리들이 장악하고 있다. 이제 곧 하루의 피로는 술잔 위에서 육두문자가 되어 골목을 휘돌아 운현궁 마당까지 날아갈 것이고 밥벌이에서 파생된 울분들은 숯불에 전소돼 밤하늘로 향할 것이다.

골목의 그 청년은 누구와 밤새 술을 나누었을까. 행색으로 보아 온전한 밥벌이가 있어보이지는 않았다. 그러니 만날 친구도, 숯불 위에 얹은 고기를 함께 뒤집을 동료도 없었을 것이 분명하다. 그는 무리에 끼지 못한 채 스스로 도태되어 포장마차 어느 구석자리를 찾았을 테고 홀로 술을 따르고 잔을 비워냈으리라. 그리고 외로움과 서러움이 뒤섞인 술은 주인처럼 밖에서 헤매다 목을 적시고 옷을 적셨을 것이다.

청춘들은 나날이 더 궤도 밖에서 길을 잃고 휘청거린다. 4월의 햇살은 눈부시지만 그들은 밤에 틀어박혀 술을 마신다. 아침까지 취해 길바닥에서 졸고 있는 청년은 여전히 겨울옷을 벗지 못했고 청춘의 비망록은 낡은 가방 안에서 구겨지고 있다.

늙음의 뒤에
서서

요양병원에 들어서자 훅 끼쳐오는 냄새가 먼저 마중했다. 특유의 체취를 없애려는 방향제 냄새인 듯했다. 병원 벽에 걸린 환자 명단을 훑어봤지만 내가 찾는 분의 이름은 없었다. 고개를 숙인 채 일에 열중하고 있는 직원에게 노인의 성함을 대자 무표정하게 다른 병동으로 전화를 했다. 다행히 아래층 병동에 그분의 명단이 있었다. 찾아간 병실엔 4개의 침대가 있었고 그분의 이름이 달린 침대는 비어있었다. 병실에 함께 계신 분도, 직원들도 그의 행방을 모르고 있었다. 한쪽 공간에선 20여 명의 노인들이 젊은 여인이 선창하는 할렐루야를 따라 외치고 있었다. 직원과 함께 들여다봤지만 찾는 분은 역시나 없었다. 순간 이렇게 관리가 소홀하나 싶어 언짢았다.

그분은 지인의 어머니다. 일로 지방에 다녀오던 차, 길목에 요양병원이 자리하고 있어 그 참에 찾아뵙고 용돈이라도 조금 드리고자 해서 들렀다. 한 30여 분 기다려도 오지 않자 사 들고 간 빵 봉투만 침대에 두고 나오려는 데 저만치 지팡이를 짚고 천천히 걸어오는 노인이 보였다. 처음이지만 사진으로는 뵀던 얼굴이라 금방 알아볼 수 있었다.

자초지종 내가 누구라는 설명과 찾아온 이유를 말씀드리자 앙상한 손으로 나를 붙들고 반가워하셨다. 환자와 병원 직원 외에 외부인은 한 사람도 보이지 않는 썰렁한 곳에 낯설지만 찾아온 사람이 있다는 것이 반갑고 흥분되신 모양이었다. 한 여인의 90여 년 일생. 그분은 맨 먼저 너무 오래 살아 미안하고 부끄럽다는 말씀부터 했다. 나는 손을 잡고 마주 앉아 한 사람의 쓸쓸한 노년을 아프게 바라볼 뿐 달리 위로할 수 없었다.

구순이 지난 연세에도 또렷한 총기를 지니고 계셨다. 내가 가야 할 서울 길을 소상히 알려주시고 차 많은 곳 말고 사고 안 나는 곳으로 가라고 일렀다. 차 많은 곳은 1차선이고 사고 안 나는 곳은 3, 4차선을 이르는 말이다. 잡은 손을 놓지 않고 자식들이 별 탈 없으니 그것만이 다행이라고 몇 번을 말씀하시는 동안 깊게 팬 주름 사이로 눈물이 흘렀다. 호주머니에서 물렁해진 바나나를 꺼내 권하시는데 나 또한 왈칵 눈물이 났다. 허리춤 바짝 두른 전대에 지폐를 넣어드리며 건강 기원과 함께 다시 들르겠다는 말만 되풀이했다.

　내게도 구순이 넘으신 부모님이 계신다. 누구든 혼자가 되면 자식 신세 지지 않고 시설 좋은 양로원으로 가시겠다며 돈을 모으고 또 모으셨다. 아마 막바지에 자식들을 향한 자존심이고 배려일 것이다. 요양병원 행을 흔히 의료진이 곁에 있고 비슷한 연배의 말벗들이 있으니 집에 홀로 계시는 것보다는 낫다는 것으로 부모 자식 서로 위안을 삼고 핑계를 댄다. 하지만 그건 말 그대로 서로를 합리화하는 말일 뿐이다. 부모에게 매일 자식들을 보고 만지고 숨결을 느끼는 것보다 더 한 명약이 어디 있겠는가.

　바야흐로 100세 시대에 노인 문제는 생각보다 심각하고 두려운 일이다. 노령에다 병든 부모는 자칫 자식에게 부담스럽고 짐이 되는 존재가 되기 쉽다. 늙고 병약한 부모를 자식이 부양하는 것이 의무이던 것도 이젠 옛이야기. 당연히 늙으면 자식에게 기대 생을 마칠 것이라는 기대가 욕심이란 것을 부모님이 더 잘 아시는 것 같아 오히려 죄송하다. 누구나 살아있으면 늙은 것은 정해진 일이다. 지금 우리 부모님이 처한 상황이 곧 우리의 사정이 될 것이다. 잘 먹고 잘사는 것의 의미. 노후를 어떻게 잘 꾸려 가는 것인가가 귀결이라는 생각이 든다. 닫힌 병동 출입문 안에서 하염없이 손을 흔들던 한 노인의 외로운 실루엣이 당분간은 지워지지 않을 것 같다.

꽃을 짊어진 남자

지하철 입구로 나가는 계단 중간에 한 남자가 허리를 숙인 채 숨을 고르고 있었다. 6월 중순인데도 한낮 기온이 35도에 다다를 거라는 기상청 예보에 걸맞게 아침부터 이미 평년 기온을 웃돌고 있었다. 남자의 한쪽 어깨에는 신문지에 돌돌 말린 꽃 뭉치 예닐곱 개가 얹혀있었다. 보기에도 화려하고 고급스러워 보이는 외래종 꽃들이었다. 언뜻 꽃집을 운영하는 아저씨인가 싶었다. 하지만 요즘 도매상들이 인력을 이용해 꽃을 소매상에게 파는 시스템은 아닐 터, 문득 실버퀵 배달원이지 싶었다. 지하철이나 버스 등을 이용해 작고 가벼운 상품을 배달해주는 중장년 인력인 그들은 대부분 꽃바구니나 급한 서류, 신용카드를 전해주는 일을 한다.

지하철 안이나 길거리에서 쇼핑 봉투나 꽃바구니를 들고 가는 어르신들을 심심찮게 만난다. 어느 날엔 허리가 거의 절반이나 구부러져 머리가 땅에 닿을 듯한 노인이 크고 작은 쇼핑 봉투가 대여섯 개를 들고 있기도 하다. 몇 발짝 떼다가 몸을 그대로 수그린 채 숨을 고르는 모습이 당신의 몸 하나 건사하기도 힘들어 보였다. 와중에, 손에 든 봉투만은 놓치지 않으려고 꼭 쥐고 있는 것에서 절박함이 묻어나왔다. 혹자는 어르신들의 건강을 위해 좋은 소일거리라고 해석하기도 하지만 그날의 모습은 생계 수단 그 이상이라고 생각할 수는 없었다. 언뜻 보기에는 비교적 가벼운 물건들이지만 어쨌든 대중교통을 이용해서 목적지에 잘 도착해 실수 없이 물건을 전달하는 일이 녹록한 일만은 아니리라.

그날 꽃을 짊어진 어르신도 현역은 아닌 듯했다. 그는 30여 개의 계단을 오르는데 두세 번 걸음을 멈추고 숨을 내뱉었다. 깊은 바다에서 자맥질하는 동안 참았다 토해내는 해녀의 숨비소리 같았다. 한 손으로는 손수건을 꺼내 목덜미의 땀을 닦고 한 손으로는 허물어지는 꽃다발 뭉치를 추스르느라 다리가 허청거렸다. 꽃다발을 어깨 위 좀 더 안전하고 편한 자리로 옮겨 매느라 걸음은 자꾸 터덕거리고 숨은 점차 크고 거칠어졌다. 남자의 거친 숨소리와 진한 땀 냄새에 꽃향기는 맥을 추지 못했다. 나는 일부러 어르신의 뒤를 따라 천천히 발길을 떼며 계단을 올랐다. 꽃냄새와 거친 숨에서 풍겨 나오는 체취가 섞여 이른 아침 나의 공간과 시간을 비틀었다. 그는 출입구 밖으로 나와 인적 드문 골목을 한참이나 허적허적 걸어갔다.

 한 남자의 낡고 성근 어깨에 매달려 운반된 꽃다발은 강렬하고도 명징한 의미로 누군가의 가슴에 안길 것이다. 이제 막 사랑을 시작한 젊은 연인에게는 다정하고 수줍은 사랑의 증표가 될 것이고 또 어느 곳에서는 감사와 축복의 의미로 진한 향기를 내뿜을 것이다. 그의 어깨는 이런 사랑과 감사까지 얹혀 더 무거웠을지 모른다. 저만치서 다시 다발을 고쳐 매느라 걸음을 멈춘 남자의 모습을 피사체로 담았다. 한 사람 생의 하중이 무겁게 깔린 탓인가, 고적한 골목이 갑자기 가라앉는다.

제2부

풍경에게, 말을 걸다

장이 익어가는 골목

한 식당 앞에 어른 품의 1배 반은 될 듯해 보이는 커다란 장독 대여섯 개가 놓여 있었다. 식당 주방에 있던 것을 다른 곳으로 옮기려고 잠시 내놓은 것인가 싶었지만 나름대로 일정한 간격과 바닥에 자잘하고 둥근 자갈이 깔린 것이 특정한 이유가 있어 보였다. 혹시 숙성된 된장이나 간장이 가득 들어 즉석에서 음식 간을 맞추는 목적이려나. 보는 눈이 없다면 뚜껑을 열어 들여다보고 싶은 충동이 일었다. '한국적인 것이 세계적'이라고 했던가. 말이 좋아 퓨전이지, 된장과 버터가 섞인 이 맛도 저 맛도 아닌 냄새와 분위기와 풍경에 상인들이 자존심이라도 상했을까, 아니면 보다 한국적인 것으로 외국 관광객에게 어필하자는 고도의 상업 전략일까.

종로 3가는 기존의 한옥을 개조해 각종 상권이 형성됐다는 건 이미 소문난 터, 지붕은 낡은 기와가 얹혀 있지만 출입구와 내부를 현대식으로 개조해 성업 중이다. 불과 2~3년 전만 해도 익선동은 오래된 가옥과 한 사람이 겨우 지나다닐 골목으로 이루어져 마치 지팡이에 몸을 의지한 노인들을 닮아있었다. 한 달에 한 번 모임을 위해 통과해야 하는 그 골목은 늘 죽은 듯 고요했다. 비라도 내리는 저녁이면 작은 외등 하나가 골목을 밝힐 뿐 으스스한 느낌마저 들었다. 두 사람이 동시에 지날 땐 어깨가 닿았고 우산이라도 쓸라치면 반은 기울여야 했다. 좁은 골목을 캐리어 두세 개를 끄는 외국인들이 점령하면서 자주 몸을 접어 길을 터줘야 했다. 그랬던 골목이 어느 날부터 깨어난다는 느낌을 받았다. 칙칙한 재색 일변도였던 건물이 산뜻한 원색의 색을 입기 시작했다. 노란 벽에 이국적 이름의 모던한 간판이 붙고 연분홍 지붕에는 반짝이는 알전구가 매달리고 그에 어울리는 흥겨운 음악이 흘러나왔다. 칙칙한 냄새 대신 향긋한 커피 향이 커튼처럼 드리웠다.

골목은 언제나 사람들로 북적인다. 베트남 식당이나 이탈리아 레스토랑 앞에도, 순댓국이나 돼지 목살구이 집 앞에도 줄 서는 것은 보통이다. 눈이 펑펑 내리는 날이나 비가 쏟아지는 날에도 별반 다르지는 않은 풍경이다. 먹는 음식 맛도 맛이거니와 핫(Hot)한 곳에서 한번은 발 도장을 찍어야 하는 요즘 사람들의 심리가 기꺼이 줄을 서는 수고를 허했으리라. 이국적인 풍경이 가득한 독보적인 분위기로 환골탈태한 낡은 골목. 사람의 훈김과 서로의 기척이 콜라보해 핫플레이스로 자리매김했다. 삶의 생기란 이런 건가 싶어 괜스레 흐뭇했다.

어느 가수는 흘러내리는 안경을 손가락으로 연신 밀어 올리며 '종로에는 사과나무를 심고 을지로엔 감나무를 심자'라고 노래했다. 그러나 어느 날부터 재개발이니 단장이니 하면서 100년 가까운 면옥이 문을 닫고 서민들과 희로애락을 같이한 재래시장은 천문학적인 금전을 사이에 두고 건설업체와 대치하기도 한다. 숨길 수 없는 자본주의의 속살이다. 하지만 우직한 마음으로 한옥 지붕을 걷어내지 않은 채 융성한 골목으로 탈바꿈시킨 상인들에게 박수를 보낸다. 그러다 기어이 커다란 장독이 골목을 아우르며 장이 익어간다.

노오란 불빛이 가득한 찻집의 따뜻한 풍경이 좁고 낡고 오래된 골목을 데운다. 그들 사이에서 의연한 듯, 대형 장독이 몸을 풀었다. 장이 익어가는 골목에서 계절도, 우리 삶도 익어가는 중이다.

초록의
자비

    요즘 말로 핫하다는 동네에서 밥벌이 중이다. 시간 관계없이 젊은이들로 북적거린다. 특히 코로나가 끝난 이후 시작된 관광러시로 골목을 오가는 사람들은 한국인보다 외국인이 더 많아 보인다. 어느 날은 여기가 우리나라가 맞나 싶을 정도로 다국적인 언어가 난무하고 특유의 향취와 분위기가 압도한다. 그래서일까, **빽빽**하게 들어선 상가는 그들을 공략하는 상품 일색이다. 그다지 비싸거나 고급스러워 보이지 않는 각종 가방이며 액세서리, 화장품을 늘어놓고 관광객을 기다린다. 때로는 물건을 고르는 커플들로 골목은 비좁고 어깨가 부딪힐 정도다. 태국이나 베트남 음식은 특유의 향을 뿜어내며 한옥 지붕 위에 얹힌 김치찌개 냄새를 제압한다. 풍경을 영상에 담기 위해 뒷걸음질하는 외국인들을 위해 눈치껏 몸을 좁히고 앵글 밖으로 재빠르게 빠져주는 센스도 있어야 한다.

고객이 뜨내기여서일까, 상가도 수시로 주인이 바뀌고 품목도 바꾸며 스스로 뜨내기가 된다. 하루건너 문을 닫고 새로운 가게를 열기 위해 공사를 벌인다. 그날, 비 내리는 출근길 골목은 한적하다 못해 스산한 기운마저 감돌았다. 밤새 열정을 태운 상가는 아직 꽁꽁 문을 여미어 닫은 상태였다. 어제까지만 해도 번잡하던 상가 하나가 밤사이 사라지고 다른 가게로 바뀌기 위해 공사가 시작됐다. 진열대가 빠진 상가는 앙상한 골조만 남아 또 다른 변신을 기다리고 있는 것 같다. 먼지가 폴폴 날리는 곳에 인부 서너 명이 한참 진열대를 뜯어내고 있었다. 그중 한 사람이 아직 20% 정도 진행된 공사장에서 뭐가 급했는지 바깥벽에 초록색 장식품을 매달고 있었다. 인조로 된 나뭇잎이었다. 장식품은 거의 1m 정도 내려온 길이로, 외벽의 엔틱풍 조명을 한번 휘감아 아래로 길게 늘어뜨리려는 것 같았다. 곁을 스치는 데 문득 구성진 노랫가락이 들려왔다.

'운다고 옛사랑이 오리오마는, 눈물로 달래보는 구슬픈 이 밤…'

가사는 외롭고 쓸쓸한데 묘하게 흥겨웠다. 마침 비도 내리고 초록을 걸면서 아득한 옛사랑이라도 떠올렸던 것일까. 사람이 지나가는 데도 전혀 눈치 보지 않고 흥에 취해 제법 큰소리로 불렀다. 빗소리도 그의 노래에 장단을 맞추듯 투다닥 내리고 낡고 패인 블럭 사이로 율동을 그리며 스며들었다. 지나가는 사람이 드문 잿

빛 골목은 초록이 걸리고 노랫가락이 넘실대자 금세 생기를 찾았다. 한산한 골목엔 나와 그 남자와 빗방울과 노래만 있었다. 문득 걸린 초록 하나, 그리고 노래 한자락은 생기이고 환기였으며 한 사람이 만들어낸 순간의 전환이었다. 설사 남자에게 사랑의 기억은 아플지라도 그 순간만큼은 초록초록한 생기로 골목은 살아나고 있었다. 더할 나위 없는 초록의 자비다.

맞다. 운다고 옛사랑이 다시 올 것도 아니고 슬프다고 마냥 울 것도 아니고, 비가 내린다고 세상은 온통 젖지 않는다. 어쩌면 슬픈 노래를 즐겁게 부르는 것도 초록의 유연성이 주는 선물 아닐는지.

그날의
한강

폭우가 쏟아진 도심, 많은 것이 씻겨가긴 했으나 그로 인해 오히려 드러난 것이 많다. 매년 이맘쯤이면 맞는 익숙한 기후 현상이기는 하나 기억상실증 환자처럼 까먹은 채 변수 앞에서 아연하기 일쑤다. 하루가 멀다고 폭우로 인한 피해 소식이 들려온다. 불어난 물로 사람이 계곡에 고립되고 휩쓸리고 사망했다고. 도심도 마찬가지다. 도로가 유실되고 차량이 침수되고 옹벽이 무너진다. 기상청에서는 데이터에 의한 정확한 숫자까지 짚어가며 주의를 당부하고 우리 또한 경험으로 그 공포와 후유증의 강도를 알건만 마치 저능아가 된 듯 매번 자연의 횡포 앞에 속수무책이다.

한강은 무미하고 건조하기도 한 도시를 촉촉하게 다독이고 무채색의 배경을 다채로운 색감으로 색칠한다. 특히 네온을 껴안은 밤의 한강은 낮의 질박함을 보상이라도 하듯 농염하게 변하며 환상의 세계로 이끈다. 현란한 도심의 불빛이 반영으로 어릴 때는 고혹적이기도 하다. 때론 경직된 도시를 말랑거리게 만들며 사람들의 메마른 감정을 다독이고 감각을 살리는 역할을 하는 생기의 원천이다.

하지만 한강만큼 많은 사연을 안고 있는 곳이 또 있으랴. 대한민국 역사의 영욕을 고스란히 껴안고 있으며 또 많은 이들의 사랑과 행복이 녹아들어 사계절 표정을 달리하며 유유히 흐른다. 유람선의 낭만 따라 불어오는 선들선들한 바람의 향취, 그리고 달콤한 사랑의 밀어가 있기도 하지만 자의로, 타의로 돌아올 수 없는 길을 떠나는 사람도 있어 상처와 회한이 서려 있기도 하다. 그래도 도심 한가운데를 가로지르는 한강을 지나거나 볼 때마다 새삼 축복이라 여겨지는 게 사실이다. 특히 저녁노을이 담긴 한강의 빛깔은 그 순간만큼은 색을 가진 모든 것들을 무위로 만들 만큼 오묘하면서도 독특해 탄성이 절로 나온다.

언제나 딱 그만큼의 높이로 찰랑이는 한강 수위는 장마 기간에는 초미의 관심사다. 그때만큼은 낭만도 환상도 숨을 죽이고 물리적인 숫자의 공격에 불안을 느낀다. 그날 비가 억수로 퍼붓던 시간, 지하철을 타고 철교를 지날 때 바라본 강은 약간 공포스러웠다. 150mm 가까운 비를 옴팡 끌어안은 것이 버거웠을까. 어제까지만 해도 얇은 셀로판지처럼 잔잔히 펼쳐져 수줍은 새색시 얼굴이더니 하루아침에 검붉음이 섞인 흙탕물이 돼 성미 고약한 할멈처럼 포악스런 얼굴로 바뀌었다. 내친김에 그간의 사연과 상처를 다 토해버리기라도 하고 싶었을까. 한바탕 뒤집고 비틀어 말없이 잠수한 숱한 사연들을 뱉어내 고질병이 된 쳇증이라도 내리고 싶었을까. '한강은 말이 없어야 한다'는 강압 아닌 강압으로 끄덕거리며 묵묵히 찰랑거리기만 하더니 그날만큼은 부침과 곡절을 다 토해내듯 그악스럽게 출렁거렸다.

슬픔과 고뇌와 통곡만이 섞인 물빛은 혼탁하기만 했다. 연일 계속 퍼붓는 빗줄기에 강수량은 높아져 교각 기둥이 종아리를 넘어 허벅지께로 차올랐다. 경각의 시간 앞에서 또 어떤 모습으로 돌변할지 아무도 모른다. 빗물에 젖은 어느 기자가 포효하는 한강을 뒤로하고 통제를 알린다. 유연한 것이 벌이는 한판 용틀임이 자못 조심스럽다.

길상사의
봄길

친구가 지방에서 올라와 꽤 여러 날을 서울에 머무른다는 소식을 들었다. 하루쯤 함께 어딘가로 나서야 할 것 같은 마음이 생겼다. 먼저 길상사를 떠올렸다. 도심에 있으면서 특별한 사연을 지니고 있어 나 또한 막연히 가고 싶은 곳으로 남겨 둔 곳이었다. 이곳은 '구경'이라는 범주에 넣어 설레발치기에는 스민 이야기와 공기가 남다른 듯해 조심스럽기도 했지만 시를 쓰는 친구와 함께 돌아보기에 더없이 적합한 곳이라는 생각이 들었다.

도착하니 오전 11시쯤이었다. 조금 이른 시간이었을까. 경내는 다소 싸늘한 기운이 감돌고 여기저기 식물이 뿜어내는 물기로 축축함만 가득했다. 법정 스님, 그리고 백석 시인이라는 존엄한 이름들이 함께 하는 곳, 또한 자신의 모든 것을 다 바쳐 한 남자를 사랑한 여인 김영한의 이야기는 우리를 잠시 한 시대를 더듬으며 숙연한 마음을 품게 만들었다.

성북동 길상사의 봄길은 아직 견고한 듯했다. 겨울의 남은 세력이 한끝을 잡고 있는 경내에는 몸피에 볏짚을 두른 나무들이 아직은 봄에 적극 대적하지 못하고 머뭇거리고 있었다. 월동을 위해 둘러놓은 볏짚 안에는 새순이 꿈틀거리며 수런거리는 소리가 분명 들릴 텐데 이젠 그만 걷어내야 하지 않나 싶어 지레 답답하고 안타까운 마음이었다. 수행자들은 아직 동안거가 끝나지 않았는지 도량의 문도 굳게 닫혀 있었다. 이제 곧 말간 얼굴의 한 스님이 저 문을 열고 걸어 나오리라.

그러나 분명 봄은 오고 있었다. 돌로 둘러쳐진 화단 아래쪽 모퉁이에 노란 복수초 서너 송이가 쌀쌀한 기온을 뚫고 기어이 몸을 풀며 봄을 향해 진격하고 있었다. 돌확으로 만들어 놓은 우물에서는 이미 풀린 얼음이 졸졸거리며 표주박을 적시고 있었다. 성모님 닮은 관음보살상의 온화한 미소도 따스한 봄을 함북 닮아있었다. 저만치 아치형 돌다리 아래로 수북한 낙엽을 걷어내면 이미 몸을 일으킨 수선화 새싹이 기지개를 켜고 있으려나. 백석을 사랑한 그녀 길상화의 공덕비도 퇴색된 희미한 글귀 속으로 봄을 끌어들이고 있었다. 그 사이 누가 이른 봄을 선물했을까. 사랑의 고진함과 허무함을 아는 어느 여인이었을까. 아니면 영원하다고 믿었던 한 사랑을 이제 막 끝낸 길 잃은 남자였을까. 노란 프리지어 꽃다발 두 개가 촉촉한 낙엽 위에 놓여 있었다. 사랑하는 사람을 위해 무언가를 하는 사람의 혼백인 듯 이슬에 젖은 꽃송이엔 아릿한 슬픔 같은 게 묻어 있었다.

　한 바퀴 다 돌아 다리가 뻐근해질 즈음, 법정 스님이 마지막까지 거처했다던 진영각에 다다랐다. 적막한 처소 한켠에는 스님이 앉아 해바라기하던 투박한 나무 의자가 오두마니 주인 떠난 자리를 지키고 있었다. 투박하고 거친 널빤지를 정사각형 형태로 잘라 앉는 자리로 만들고 거칠고 둥근 통나무 둥치를 반으로 잘라 허리 받침으로 만든, 세상 소박한 의자가 이제 홀로 남았다. '의자 위에 앉지 마라'는 문구가 쓰인 작은 팻말이 놓였지만, 스님은 저 멀리서 잠시 앉았다 가도 괜찮다고 하실지 모르겠다. 의자 옆 작은 책상에는 스님께 하고픈 말을 적으라는 글이 쓰인 메모지와 노트 한 권이 놓여 있었다. 나는 '무념, 무상, 무고, 무구'를 적고 아래에 조심스럽게 '나무관세음보살'을 붙였다. 그건 스님이 아니라 너무 많은 것을 원하고 사는 내게 하는 말이었다.

제2부 풍경에게, 말을 걸다

깃발처럼

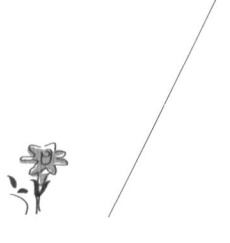

 골목을 벗어나자 제복을 입고 휘슬을 부는 사람들이 오가는 차량을 정리하고 있었다. 확성기를 통해 다소 격앙된 목소리도 들린다. 건설노동자 연합회라고 쓰인 붉은 깃발이 펄럭이고 검은색 옷을 입은 사람 수백 명이 도로 하나를 차지했다. 생존권을 사수하기 위한 집회를 한두 번 본 건 아니지만 이들 또한 사사로운 몇 가지 불만으로 우후죽순 모인 것이 아닐 것이다. 나름대로 치밀하게 계획을 한 거사라는 생각이 들 만큼, 숫자나 움직임이 조직적이었다. 남자들의 전용 영역으로 인식된 건설 노동. 하지만 오늘 앞장서서 주도하는 사람이 여자라는 것에서 그들의 운집에 절박함을 더했다. 여자의 입을 통해 나오는 '동지'와 '열사'라는 단어는 생경했지만, 오늘 트럭 위에 선 그녀는 깃발처럼 나부끼고 있었다.

원하는 것을 얻기 위해 목소리를 내는 것은 무언가를 바꿀 수 있는 힘으로 가 닿는다. 수십, 수백 명이 같은 목적을 가지고 한목소리를 낼 때 그 힘은 거대하게 작용한다. 트럭 위에 선 여자는 '동지 여러분! 열사의 정신으로 악덕 업자를 규탄합시다'라는 구호를 선창하며 아래에 앉은 사람들을 진두지휘하고 있었다. 그녀 곁에는 노란색 깃발이 응원하듯 펄럭거리고 맨바닥에 앉은 노동자들도 함성과 함께 여기저기서 깃발을 흔든다. 펄럭이는 깃발은 그녀에게 힘을 실어주고 오늘 집회에 참석한 사람들을 더욱 결속시키는 듯하다. 깃발과 함성과 검은색의 합작은 범접하기 어려운 아우라로 그들의 행위를 더욱 정당화시키고 있었다.

펄럭이는 깃발을 보면 언제나 가슴이 뛰었다. 어릴 적 운동회날 가을하늘 아래 펄럭이는 만국기를 보면 마음은 벌써 달리기 마지막 주자가 돼 골인 지점 앞에 있었고 내가 던진 콩주머니에 입을 꾹 다물고 있던 박이 마침내 터졌다. 중학생이던 딸아이가 체육대회 때 최종우승을 한 후 구령대에서 우승기를 흔들 때 가슴이 뭉클하며 울컥했던 기억도 선명하다. 그러면서 아이의 삶이 정체되거나 박제되지 않고 언제나 깃발처럼 펄럭일 수 있기를 바랐다.

유치환 시인은 깃발은 '소리 없는 아우성'이며 '저 푸른 해원을 향하여 흔드는 영원한 노스텔지어의 손수건'이라고 표현했다. 그리고 '맑고 곧은 이념의 푯대 끝에 달린 백로'라고 했던가. 바람길에 꽂힐지라도 기꺼이 깃발처럼 펄럭이며 살고 싶던 욕망은 이젠 생의 뒤안길에 걸린 낡은 꿈이 됐다. 휘적휘적 간신히 하루하루를 채우며 살고 있는 내게 깃발처럼 펄럭이는 일이 있을까 생각하니 기운이 빠진다. 하지만 오늘 노동자들이 흔드는 깃발 앞에 이른 더위에 쌓인 5월이 불현듯 생기를 찾는다. 덕분에 엎딘 것들이 일어나고 그리하여 내 하루도 생생해지기를 빌어본다.

그들의
궤도 이탈

한 여자가 환하게 웃으며 걸어왔다. 신호등이 없는 횡단보도 앞이었다. 여자와는 일면식도 없기에 눈빛이 나를 향한 것이 분명하다 싶으면서도 무턱대고 웃어줄 수는 없었다. 내 뒤에 누가 있나 싶어 돌아봤지만 아무도 없었다. 순간 여자는 무심히 나를 스쳐 보도 끝까지 걸어가더니 다시 돌아오기를 반복했다. 여전히 그 강도로 웃으면서. 그것도 모자라 갑자기 차량이 북적거리는 도로변을 향해 서서 춤을 추기 시작했다. 그때야 알아차렸다. 여자의 정신이 궤도 밖으로 잠시 탈출했다는 것을.

언젠가 유명 공연장에 간 적이 있었다. 그곳은 모처럼 예술의 향유에 젖거나 광장 분수에서 현란한 무지개 쇼를 구경하는 사람들로 가득했다. 그때 검은색 긴 드레스에 챙이 넓은 검은 모자를 쓴 한 여자가 광장을 돌고 있었다. 호리호리한 몸매에 매무새가 깔끔하고 외모도 고운 여인이었다. 처음엔 그녀도 여유를 즐기는 사람 중 한 명이라고 여겼다. 하지만 그러기엔 그녀의 행동이 일정하면서 반복되고 있었다. 그제서야 그녀에 관한 이야기들이 나왔다. 한 예술단원이었는데 무슨 일 때문인지 그만 정신줄을 놓았고 거의 매일 그곳을 찾아와 하염없이 광장을 배회한단다. 정확한 정보인지 아니면 건너 건너 살이 붙어버린 '카더라통신'인지 확인할 길은 없었다. 그게 사실이라면 여인에겐 어떤 사연이 있었을까. 예술단원이 되기까지 성장 과정도 남달랐을 테고 예술가로서의 남다른 자존감을 지니고 추앙도 받았을 터인데 싶어 애잔하고 안타까웠다. 그럼에도 아직 그곳을 배회하고 있다는 것은 여전히 예전의 시간을 놓지 못하고 사랑하고 있다는 뜻이기도 할 것이다.

지하철에서도 종종 한 청년이 핸드폰을 무전기 삼아 작전명령을 내리는 장군이 되고 어느 날은 한 남자가 청와대 고위 간부와 진지하게 국가안보를 논의하는 것을 현장을 본다. 그렇게 제각각 흘러가는 의식을 자유로이 따라가는 것을 보며 어쩌면 그들이야말로 가장 행복한 사람들일 지도 모른다는 생각을 했다.

흔히 너무나도 복잡하고 혼탁한 세상에 맨정신을 가지고 살기는 어렵다고 말한다. 단순함과 정도正道를 잃은 것들이 혼돈의 시그널 안에서 함께 널부러지자고 수시로 유혹하고, 과격하고 저돌적인 것들이 쓰나미처럼 덮쳐오니 인간의 역량이나 수용에 한계를 느낀다. '살짝 돌아야 오히려 숨 쉬고 살 수 있지 않겠느냐'는 더 이상 막말이 아니다 싶기도 하다.

일면식도 없는 나에게 화사한 웃음을 날려주던 여자도, 검은 드레스를 떨쳐입고 광장을 도는 여인도, 카리스마 넘치는 장군이 된 청년과 청와대 요직 인사에게도 한때 꿈, 열정, 의무, 책임 아래서 성실하게 존재감을 세웠던 시절이 있었으리라. 하지만 너무나 사랑했고 열정을 쏟았기에 오히려 놓아버리고 싶었을까. 그렇게 버거워서 놓아버린 시간이 지금은 사무치게 그립고, 그렇게 다시 돌아갈 수 있는 시간을 놓쳐버렸는지도 모른다. 그들의 찬란했던 시간들이 다시 제 궤도 안에서 빛나기 위해서는 어떤 대가와 순서가 남아있을까.

때때로 현실의 변방에 누워 하염없는 무의식의 세계에 들고 싶을 때가 있다. 하지만 벗어날 수 없는 나의 일상의 궤도를 바싹 끌어안고서 살짝 엇나가려는 문장과 오류가 생길지도 모르는 시간을 붙든다.

낙엽을 치우는 까닭

바야흐로 낙엽의 계절이다. '가을'이라는 어감과 낙엽에서 연상되는 동사 '간다'와 묘한 동질감이 있어서일까, 가을과 낙엽은 찰떡궁합이다. 탄생이 아닌, 지는 것에 환호하는 건 가을이라는 계절이 주는 특별한 정서이리라.

'시몬, 너는 좋으냐, 낙엽 밟는 소리가…'

가을이면 으레 떠오르는 구르몽의 시는 시간이 가고 세월이 가도 변함없는 불후의 명시다. 또한 이브 몽탕이 낮은 목소리로 읊조리듯 부르는 샹송 '고엽'은 누구나 한 번쯤 고즈넉한 사색과 가슴 아린 추억의 세계로 걸어가게 만드는 노래다. 이렇게 가을과 낙엽은 시인의 가슴을 통해, 또는 가수의 목소리로 계절의 풍미를 더 한다.

공원이나 아파트 단지, 또 거리 곳곳에 흩날리는 수북한 낙엽은 봄날의 꽃 이상으로 가을을 아름답게 장식한다. 조금은 스산하지만 바스락거리는 소리 또한 특별한 계절이 만드는 유성음이다. 하지만 이게 꼭 낭만적인 감흥으로 다가오지 않는 이들이 있다. 도심의 도로를 정비하는 환경미화원들과 아파트 경비원들에게는 해도 해도 끝나지 않는 일거리이고 애물단지다. 돌아서기 바쁘게 떨어지는 낙엽을 쓸어내며 '낭만은 지나가는 개에게나 줘버리라'고 구시렁댈지도 모른다.

조금은 쌀쌀하고 흐린 날씨 탓인지 어쩌지 못한 상념이 멜랑콜리한 심상에 얹힌 아침, 한 어르신이 도롯가에 자리한 가게 앞에 흩어진 낙엽을 정리하고 있었다. 보통은 빗자루로 쓱싹거리며 쓸기 마련인 것을 그는 커다란 진공청소기로 빨아들이고 있었다. 아마도 두툼하게 쌓이기 전에 재빨리 치워 일을 줄이자는 심산인 듯했다. 이제 겨우 도로에 점을 찍는 정도로 몇 잎 떨어진 잎사귀는 물색없이 소리가 큰 기계음과 작정하고 조준해 쏘아대는 강풍에 잽싸게 도망을 가보지만 속수무책이었다. 낙엽은 저항 한 번 못하고 부스러기 하나 남김없이 청소기 대롱 속으로 순식간에 빨려 들어갔다.

나이 칠십 언저리에 있음 직한 그도 낙엽을 한없는 낭만으로 바라봤을 때가 있었을 것이다. 젊은 시절 연인과 함께 노란 은행잎 밟으며 덕수궁 길도 걸었으랴. 하지만 이제 낙엽은 그의 생활권으로 들어와 매일 쓸어내야 하는 성가신 존재일 뿐이다. 아니면 한 시절 푸르디푸르다가 누렇게 변해 속절없이 떨어지는 데서 자신의 현재를 보는 것 같아 한 번씩 심정 상하게 만드는 것일까. 그래서 흘러가 버린 시절과 들어버린 나이를 닮은 낙엽이 더 큰 서글픔으로 다가들어 후딱후딱 쓸어내 버리고 싶은지도 모르겠다.

굴러가는 낙엽만 봐도 웃음이 난다는 사춘기 시절과 낙엽을 보며 애써 시 한 편 읊기도 했던 지난날, 이제는 떨쳐내버리고 싶은 한낱 낙엽 같은 아득한 과거일 뿐인가. 이제 본격적인 낙엽의 시간이 되면 그는 아마 더 강력한 흡입력을 가진 청소기가 아쉬울지 모른다. 아스라한 저쪽 끝으로 가버린 청춘에 대한 미련 따위는 부질없다는 듯 신박한 아이템을 이용해 서둘러 낙엽을 거두는 나이 든 남자의 뒷모습에 심난한 가을만 한 짐 얹혔다.

명자 누님
앞에서

모처럼 더없이 볕이 화사하고 좋았다. 점심을 먹고 일터 근처에 있는 운현궁으로 산책을 나갔다. 봄인 듯 봄 아닌 날이 지속돼 마음이 웅그러지던 차, 햇살 창연한 하늘이 너무나 고왔다. 젊은 여행객들의 한복 치맛자락도 꽃처럼 펼쳐지고 있었다. 긴 겨울바람에 숨이 멎은 듯하던 고목에서는 연둣빛 새순이 송알송알 매달려 싱그럽기 그지없었다. 햇살은 따사롭다 못해 뜨거울 정도. 겉옷을 벗어 손에 든 채 한가로운 봄날을 즐기는 사람들이 행복해 보였다.

뒤란으로 돌아가자 주홍빛 꽃망울이 오종종한 나무 한 그루가 화사함의 절정을 이루고 있었다. 꽃잎은 반은 폈고 반은 준비 태세였다. 색은 얼마나 오묘한지 주황도 아니고 분홍도 아닌, 살구색에 가까운 꽃망울이 세련된 색감이다. 그런데 이름은 조금 친근한 명자꽃. 꽃망울들이 줄기 끝이나 마디사이에서 다발로 피며 개나리 진달래를 앞서는 봄꽃으로 급부상하는 눈치다. 그러다 가을에는 길이 6cm 내외의 모과 모양의 상당히 큰 열매가 녹황색으로 달린다. 꽃에서 부드러운 향기까지 나니 이를 금상첨화라고 할까. 핸드폰에 몇 컷 담고 서 있는데, 등 뒤로 남자들의 왁자지껄한 목소리가 들려왔다.
"저기 명자 누님이 계시네"
"자네 누님이 어디 계신다고?"
"저기 있잖아. 우리 명자 누님!"

생긴 거와 다르게 이름이 명자라서 그냥 저절로 누님이라고 부르게 되나 보다. 누님을 와락 반가워하던 남자는 꽃 가까이 다가와 동행자들에게 세세하게 설명한다. 명자꽃은 분홍색 붉은 색, 그리고 미색도 있고 이중 오늘 본 꽃 색은 처음엔 누르스름하다가 차츰 이렇게 주황빛이 된다면서 열매는 모과처럼 투박하다는 설명이 제법 꽃에 대해 아는 눈치다.

남자들에게 누님은 특별한 존재다. 어린 시절 엄마의 역할을 다 하느라 버짐이 한 가득이던 누님, 집안과 동생들을 위해 서울로 부산으로 밤기차를 타던 누님 누님들. 우물가에서 나물을 씻고 물동이 이고 시린 손 호호 불며 고샅을 걸어가던 옆집 누님 등등. 예전, 많은 누님들은 초등학교나 겨우 마치고 열댓 살 터울의 동생을 업어서 키웠다고 한다. 그리고 이른 나이에 남의 집 식모나 공장으로 돈 벌러 떠나고 전답 몇 평에 얼굴도 못 본 남자에게 시집도 갔다. 자식 같은 동생들과 헤어지는 것이 아쉬워 울고 또 울며 재 넘고 산을 넘었다.

남자들은 가을에 소담하게 핀 국화꽃 앞에서만 누님을 떠올리며 아련한 기억을 버무리는 줄 알았다. 그런데 봄에 오종종한 꽃잎을 피워내는 명자꽃을 보고도 누님이라 부르며 달려들다니. 꽃 모양은 선뜻 다가서지 못할 2층집 소녀처럼 생겼지만, 명자라는 이름이 주는 친근함으로 저절로 누님이라 불리며 다가들게 만드는 것이리라. 그 시절 누님이나 언니는 대부분 명자나 순자 영자 등 평범하면서도 순한 이름이었다. 그 친근한 이름 너머에 깃든 많은 추억과 그리움은 꽃 한 송이에서 불현듯 소환된다.

얼마나 많은 누님들이 그들의 인생 다리목에 서서 한 그릇 밥이 되어 배를 불리고 그리움을 달래는 한잔 술이 되었던가. 남자도 그런 '명자 누님' 덕분에 가슴이 봄볕처럼 따사로 왔을 것이다. 그러나 남자의 눈시울이 붉어졌는지는 검은 선글라스에 가려져 볼 수 없었다.

민들레의 집

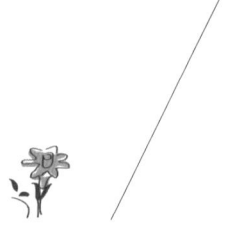

　4월은 꽃의 시절이다. 개나리와 진달래는 이미 절정의 시간을 지나 뒤안길로 사라지는 즈음이고 벚꽃도 한 열흘 자태를 자랑하다가 어느 날 내린 비 한 자락에 장렬하게 떠났다. 4월에 피는 대부분의 꽃들은 마치 꿈결처럼 하루아침에 화라락 피었다가 함박눈처럼 바람에 흩날리며 황홀함만 남기고 사라진다.
　이런 와중에 들판에 피어 노란 물결을 이루는 것이 있다. 척박한 땅에서 돌보지 않아도 때 되면 저절로 피고 지니 그다지 귀히 대접받지 못하는 꽃, 민들레다. 틈이 있고 흙이 있는 곳이면 어떤 악조건에서도 무심히 피는 꽃, 바람길의 언덕배기도 괜찮고 개똥소똥 구르는 들판이어도 괜찮고 쟁기가 지나가도 넘어졌다 다시 의연하게 몸을 일으킨다. 가시 뾰족한 탱자나무 그늘에서도 피고 이끼 낀 장독대 밑에서도 옹그린 채 피어, 노란 색깔을 보고서야 비로소 존재를 알아차리기도 한다. 혹여 들판에 자리 잡지 못하면 도시 어디 틈에서도 뿌리를 내린다. 시멘트 틈 사이에서도 피고 낡은 돌담 구멍에서도 고개를 내민다. 염치없고 물색없어 자칫 꿀밤이라도 한 대 쥐어박고 싶어도 딱히 집도 절도 없는 것이 애처로워 그만 손을 거둔다.

꽃을 비롯하여 식물은 흔히 흙에 묻히고 물을 머금고 햇빛을 받는 등 세 박자를 갖춰야 몸을 풀고 여리게 꽃잎이라도 하나 피우는 속성이 있다. 하지만 틈새에서라도 목숨 보전만 한다면 꽃으로 봐주지 않아도 앙탈 한번 못하는 것이 민들레의 숙명. 그래도 색은 얼마나 선명하고 화려한가. 이른 봄 미처 녹지 못한 흙을 뚫고 삐죽이 고개를 드는 때에는 봄의 화신이라고 잠깐 눈을 주는가 싶다가도 개나리, 벚꽃, 진달래, 명자꽃에 금세 밀린다.

퇴근길, 골목 구석 자리에 핀 샛노란 생물체가 눈길을 끌었다. 젊은이들이 모여들어 북새통을 이루는 곳. 무엇이 바쁜지 그들은 눈길 한번 주지 않고 지나치고 있었다. 그곳에 오직 한 송이 핀 민들레가 조금은 후미지고 낡은 골목을 밝히고 있었다. 그것도 화분 하나를 온통 차지하고서. 기특하고 장해서 무릎을 굽혀 들여다봤다. 남의 집 곁방살이도 못하고 만년 노숙자 신세이다가 남루하나마 뿌리 내릴 집 한 채 마련한 것 같아서 코끝이 찡했다. 화분은 깨끗하지 않았다. 몸체는 얼룩이 가득하고 담긴 흙은 굳었다.

뒤로는 말라비틀어진 담쟁이덩굴이 산발한 채 벽에 엉겨 붙어 있었다. 하지만 이만한 것이 어디냐 싶은 듯, 유난히 샛노랗고 탐스럽게 피어 있었다. 어쩌다 화분은 민들레 차지가 되었을까. 비로소 온전한 나의 영역, 나의 공간을 맘껏 누리려는 심중을 대신하듯 노란 드레스 자락을 맘껏 부풀리고 있었다. 이제 화분에 뿌리를 묻었으니 조만간 씨앗을 날려 세를 불릴 것이다. 내년에는 화분 가득히 피어 골목엔 노란 민들레 등이 환하게 켜질지 모르겠다. 입주를 축하하며 뒤엉킨 마른 잔가지를 걷어낸다.

벚꽃 연가

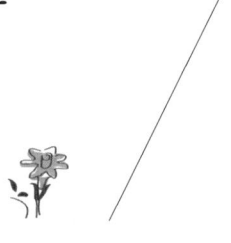

봄의 대명사는 벚꽃인 듯하다. 하얀 벚꽃이 마치 팝콘 터지듯 몽실몽실해지면 말 그대로 환장할 봄이 된다. 벚꽃은 밤사이 은밀한 작업을 하는지 야행 성질 때문인지 낮까지 아무 일 없다가 어느 아침 눈 비비고 기지개 켜는 사이에 환하게 모습을 드러낸다. 봄이 벚꽃을 닮았는지, 벚꽃이 봄을 닮았는지…. 어쨌든 화려하지만 찰나에 피어나고 짧게 머무는 것이 닮은꼴이다.

짧아서 아쉽지만 짧기에 더 아름다운 몇 가지가 있다. 여행지에서 우연한 만남, 길 위를 나란히 달리다가 제 길을 찾아 사라지는 자동차의 뒷모습이 그렇다. 그리고 겨울 밤하늘에 떴다 사라지는 짧은 별빛, 한낮에 나타났다 사라지는 낮달의 그림자도 짧디짧다.

오래전 일본소설에서 벚꽃의 유래를 읽은 적이 있다. 어느 산적 두목이 여자 하나를 보쌈해 왔는데 여자는 도무지 웃지 않다가 그가 사람 머리 하나를 자르자 설핏 웃었더란다. 그 두목은 여자가 웃는 모습을 보려고 수많은 사람의 머리를 잘랐고 참수한 머리를 나무 밑에 묻었다. 그 나무에서는 너무나 어여쁜 꽃이 피어났다고. 아마 벚꽃은 사랑하는 사람을 위해 무엇인가를 한 산적 두목의 마음을 닮은 치명적인 사랑의 결과물인 모양이다. 꽃잎 생긴 것은 작은 나비 같은데 하는 짓은 영락없는 애첩 같다. 애첩의 요염한 밤의 밀어에 한 사내가 밤새 잠들지 못하고 열정으로 피워낸 꽃이 벚꽃이었을까.

 벚꽃이 피면 지역마다 축제가 열린다. 지난 4월 초 서울 여의도 윤중로 벚꽃 축제가 신호탄을 울렸다. 올해 축제는 벚꽃이 피기도 전에 열려 감흥은 덜 했지만, 곧 하얀색, 분홍색 꽃잎 분분히 날리는 꽃그늘 아래로 상춘객은 몰려들었고 봄은 아무 일 없는 듯 도도하게 흘렀다.
 벚꽃은 일반적으로 개화한 지 일주일 후면 만개한다. 4월 5일 쯤을 시작으로 만개와 낙화까지 대략 일주일이면 충분하다. 거북 등걸처럼 거친 고목의 표피를 뚫고 여린 잎은 송송 피어난다. 바람 한 줄기와 빛살 한줄기도 못 버틸 것 같은 여린 꽃잎이건만 화끈하게 팡팡 몸을 펼 때는 강단 있다.

 시인 정연복은 벚꽃의 낙화를 보며 '온몸으로 뜨겁게, 온 가슴으로 열렬하게, 화끈하게 살다가 미련 없이'(〈벚꽃의 생애〉 중)라고 표현했다. 마치 꿈결처럼 하루아침에 화라락 피었다가 4월에 내리는 함박눈처럼 바람에 흩날리면 그 황홀한 아름다움에 삶이 아득하고 슬퍼질 지경이다. 밤 산책길은 가로등 없이도 벚꽃 등이 환하게 밝혀준다. 봄이면 어김없이 퍼져 나오는 노래 '벚꽃 엔딩'. 꽤 맑은 목소리를 가진 남자 가수는 봄마다 '흩날리는 벚꽃 잎이 울려 퍼질 이 거리를 둘이 걸어요'라고 노래한다. 해마다 듣는 노래지만 사람들은 아지랑이처럼 아른거리는 추억 몇 개를 남기려고 분주하게 꽃그늘 아래로 모여든다.

사람들은 벚꽃이 피면 삶이 지루하다고 말한다. 화사하게 피어나 한 열흘 화려하게 살다가는 벚꽃의 섭리가 삶의 행로에서 잠시 주저앉고 싶게 만드는 모양이다. 그러나 화무십일홍, 아무리 어여쁜 꽃도 열흘 이상 피지 않는다면서 사람의 삶도 마찬가지라고 느슨해진 등을 두드린다. 그 속에는 허무도 담겨 있지만 한 백년 이어질 우리네 인생을 짧은 꽃의 생애에 비하지 말자는 의미도 되겠다.

바람 몇 줄기에 꽃잎은 떨어지고 연둣빛 새순이 꽃 대신으로 싱그럽다. 그 사이에도 꽃보다 많은 사람들이 이 봄을 따라 흘러간다. 그들의 웃음소리가 벚꽃처럼 환하다. 봄이 절정이다.

비둘기, 둥지 틀다

아침, 예외 없이 베란다 문을 열었다. 해바라기와 나팔꽃이 한창 피어 풍성한 내 꽃밭에 어제는 없었던 낯선 물체가 있었다. 인기척에 놀랐는지 굼뜨게 움직인다. 살아있는 것이다. 검은색 등에 보라색 무늬가 있는 비둘기 한 마리. 그동안도 난간에 자주 앉아있는 녀석들이라 크게 놀라지 않고 창문을 손으로 두드렸다. 하지만 날아가지 않았다. 다시 긴 막대기를 가져와 조심스럽게 몸통을 건드렸다. 순간 부리를 들이대며 공격했다. 마치 나를 침입자 대하듯 경계하며 형형한 눈빛을 쏘았다. 문득 어디서 부상을 당해 몸이 불편한가 싶었지만 공격하는 폼으로 봐서 그것도 아닌 것 같았다. 창틈으로 내다봤지만 아예 거기서 둥지를 틀 생각인지 더 몸을 숙이고 깊이 들어앉았다.

살아 있는 것을 키우거나 돌보는 것을 적잖이 부담스럽게 생각하는 편이다. 그럼에도 이제 겨우 꽃씨 정도 뿌려 식물 키우기에 재미를 붙이고 있는 즈음이다. 그날 퇴근 후 옷도 갈아입지 않고 베란다부터 살폈다. 여전히 그 자세로 있었다. 난 기어이 쫓아 보내리라 마음먹고 긴 막대기를 휘둘렀다. 순간, 배 밑으로 살짝 보이는 하얀 알. 알을 품은 비둘기라니, 완전 전의 상실이었다. 소소한 연민이나 거창한 박애 정신까지는 아니지만 새끼를 품은 생물체를 어떻게 내치겠는가. 우선 플라스틱 통에 잡곡 한 줌과 물을 줬다. 내 손이 가까이 가자 본격적으로 쪼아댈 듯 부리를 움직였다. 모이를 그다지 반기지 않으면서 계속 침입자를 향한 방어 태세를 취했다.

아이들은 유난히 비둘기를 싫어했다. 길가에서 혹여라도 마주치면 괴성을 지를 정도였다. 비둘기는 다정하고 평화를 상징한다는 인식과 달리 어느샌가 도심을 장악하며 사람들을 귀찮게 하는 조류로 전락했다. 또 영화 '나홀로 집'에 등장하는 공원에서 비둘기에게 먹이를 주는 아줌마도 떠오르며 조금 부정적인 측면으로 제쳐 둔 새이기도 했다.

  비둘기는 보통 15일이면 부화한다고 한다. 날개짓 하고 날아가기까지는 더 걸릴 것이다. 그 시간 동안 난 저들을 어떻게 거둬야 할까. 가뜩이나 새들이 둥지를 틀지 못하고 드난살이하는 환경, 오죽했으면 내 집으로 찾아들었을까. 장마철이라 비를 맞는 것이 안타까워 비닐로 가림막을 만들었다. 저도 이젠 내가 해를 끼치지는 않을 것이라는 걸 본능적으로 알았는지 마구잡이로 쪼아대는 것을 멈춘다. 이제 보름 후엔 산후 수발을 해야 할지도 모른다. 난데없이 늘어난 식솔이 난감하다.

돈 세다
잠드소서

사무실 근처 오랫동안 잠겨 있던 문이 드디어 열렸다. 멀쩡한 건물이 오랫동안 폐허처럼 버려진 것 같아 자주 안타까운 마음이 들었던 참이었다. 오랫동안 문이 닫혔다는 건 경제 불황이라는 현실과 맞닿아 있고 그 파장은 의외로 넓은 것이기 때문이다. 불법 주차를 막기 위해 걸어둔 쇠사슬이 풀린 것도 희망으로 다가와 기분이 좋았다.

어느 아침, 가게 앞에 화환 하나가 서 있었다. 화환에는 '돈 세다 잠드소서'라는 문구가 쓰인 리본이 매달려 있었다. 요즘 트랜드에 어울리는 쌈박한 문구에 대박 나기를 기원하는 최상의 마음이라는 생각이 들었다. 자본주의 사회에서 경제적 여유는 어느 것과도 비교할 수 없을 만큼 위력을 지닌다. 신년을 맞아 쉽게 볼 수 있는 동영상 운세에도 건강운보다, 애정운보다, 재물운이 제일 우선순위에 있는 것만 봐도 그 중요성을 알 수 있다. 황금만능 시대의 한 단면을 보는 것 같아 씁쓸하기도 하지만 새로운 경제관념에 대한 정의를 다시 세우게 된다.

문을 연 그곳은 요즘 가장 흔한 베이커리 카페였다. 도심 곳곳에 한 집 걸러 카페가 성행하지만, 카페 외의 다른 품목은 더 절망적이라는 반증인 것 같아 환영할 일은 아니지 싶었다. '돈 세다 잠들라'라는 문구는 새로 사업을 시작하는 사람에게는 더할 나위 없는 덕담이지만 따지고 보면 어불성설이다. 언제부터인가 카드 사용이 일반화된 뒤로 현금을 사용해서 거래하는 일은 극히 드물다. 편의점에서 몇백 원짜리 물건도 카드로 결제하는 세상, 그것이 거래의 기본이 된 지 오래다. 우리 아이들만 해도 지갑에 천 원짜리 지폐 한 장도 넣지 않고 다니니 현금의 실효성이 얼마나 미미한지 알 수 있다.

그래서 과연 '돈 세다 잠들 일이 있을까' 싶으면서도 그럴 수 없는 현실이기에 오히려 더 간곡하게 다가오는 반전이 있었다. 물론 그 문구가 이 사업으로 인해서 '돈을 많이 벌라'는 상징적인 표현이라는 것을 모르는 바는 아니지만 그 문구를 보는 순간 여러 생각이 스쳤다. 한 30여 년쯤 지인이 주유소를 경영하던 딸이 너무 장사가 잘돼 돈을 다 세지 못하고 검은 비닐봉지에 쑤셔 넣는다고 자랑하던 것이 떠올랐다. 당시의 상황으로 보면 대부분 현금이 상용되던 때라 충분히 있을 만한 일이었다. 그래서 아무런 이의 없이 고개를 끄덕였고 그 말이 허언처럼 들리지 않았다.

돈의 가치가 너무 떨어졌다는 말을 한다. 그 사실은 물리적인 현금을 쥐어보지 않은 채 모바일 거래에서 오는 과정에서 더욱 실감한다. 얄팍하지만 봉투에 담긴 가장의 월급을 현금으로 세면서 돈의 중요성, 그리고 월급을 받기 위한 노고까지 절절하게 체감했다. 또한 한 장 한 장 세는 감각 끝에서 돈은 희망으로 부활하기에 충분했다. 하지만 지금은 어떤가. 현시대에서 가장 막강한 힘을 지녔지만, 숫자로만 확인시키고 순식간에 나타났다 사라지는 신기루 같기만 하다. 돈의 힘은 날이 갈수록 커져만 간다. 그렇다고 돈을 좇는 것이 부도덕하거나 부끄러울 일은 아니다. 다만 정당한 노동의 가치 아래서 분명히 인정되는 댓가가 되고 그에 준한 자존감으로 자리했으면 하는 바람이다.

캐리어의
자유여행

캐리어 네 개가 쪼르르 쓰레기장에 버려져 있었다. 외국인 관광객들 위주로 운영하는 숙박업소 앞 작은 공터다. 색깔도 다양하고 크기도 제각각이다. 특히 노란색 캐리어에는 흩날리는 낙엽 몇 잎이 무늬로 찍혀 화려한 행장을 갖추고 있지만 다시 오지 않을 봄날처럼 오히려 더 쓸쓸해 보인다. 몸체엔 이리저리 긁히고 벗겨진 흔적이 가득하고 미처 떼지 못한 수화물표가 바람에 팔랑거린다.

캐리어는 어느 나라, 어느 고을을 건너 여기까지 왔을까. 여행 떠나기 수일 전부터 주인의 소지품을 받아 안느라 수없이 뚜껑은 열리고 닫혔을 것이다. 주인은 여행에 대한 설렘까지 꾹꾹 눌러 담았을 터이니 떠나기 전부터 이미 다리가 뻐근하고 어깨가 결렸을 것이다. 거기다 주인은 편안한 좌석에 앉아 느긋하게 풍경을 감상하며 하늘을 날 동안 겨우 꼬리표 하나 붙이고 어두운 수화물

칸에서 던져지고 부딪치는 낭패와 수모도 당했을 것이다. 그렇게 끌려다니는 사이 몸은 상처투성이가 됐을 테고 무게를 견딜 수 없는 바퀴는 스스로 이탈을 택해 낯선 골목 어느 곳에서 장렬하게 걸음을 멈추었을지도 모른다.

어느 해 일본으로 여행을 떠난 딸은 떠날 때 끌고 간 검은색 캐리어 대신 제 몸보다 더 큰 하늘색 캐리어를 끌고 돌아왔다. 여행 중 이런저런 물건을 잔뜩 구입해 가져간 캐리어는 과부하가 됐고 결국 길에서 몸체가 부서지고 바퀴가 빠져 현지에서 새로 구입했단다. 들고 간 헌 캐리어는 호텔에 버리고 왔는데, 그런 일이 비일비재라 숙박업소에서도 투숙객이 버리고 떠난 캐리어를 쓰레기장으로 버리는 처리를 해준다고 한다.

흔히 여행을 떠날 때는 가방을 꾸리는 데만 한 사나흘 걸린다. 입을 옷이며 일상용품을 용량 넘치게 가방을 꾸린다. 어느 작가는 '여행을 떠날 땐 가방을 꾸리지만 돌아올 땐 가방 대신 추억과 마음만 담아서 돌아오면 된다'고 했던가. 그렇다면 저기 버려진 캐리어에는 주인의 그런 여행 철학이라도 담겼단 말인가.

여행은 떠나왔던 곳으로 다시 돌아가기 위한 여정이다. 주인의 짐을 야무지게 끌어 담고 아무런 불만도 투정도 없이 무작정 뒤를 따랐던 캐리어도 당연히 다시 돌아갈 꿈을 꾸었을 것이다. 하지만 바퀴가 망가지고 몸피가 부실하다는 이유로 낯선 곳에 무참히 버려진 신세가 됐다. 몇 날을 아니 길게는 몇 달을 품었던 물건들은 한마디 인사도 남기지 못한 채, 새 가방으로 옮겨갔을 것이다. 오래 품어 미운 정 고운 정 들었던 것들을 뺏긴 채 내동댕이쳐지면서 씨받이로 낳은 자식을 본처가 데려가는 비애를 느꼈을까, 아니면 생떼 같은 내 자식을 눈앞에서 새 여자에게 뺏기는 처참한 기분이었을까.

축축한 바닥 위에 찬 바람을 맞으며 무참히 버려진 캐리어. 새 캐리어를 끌고 간 주인은 제 떠나왔던 곳으로 무사히 도착했으려나. 그는 지나간 여행지 속에 버려진 캐리어에 담긴 묵은 속정을 기억이나 할까. 하지만 캐리어는 버려짐으로 비로소 진정한 자유를 얻고 궁극의 여행을 떠날 수 있을지 모른다. 발길 닿는 데로, 마음이 머무는 데로. 이제껏 누군가의 정해진 목적지로 누군가 끄는 데로 따라가는 수동적인 입장이었지만 이제는 무엇에도 얽매이지 않고 훌훌 마음 내키는 대로 떠날 것이다. 함께 했던 주인의 많은 스토리를 함구한 채.

커피에 관한 小考

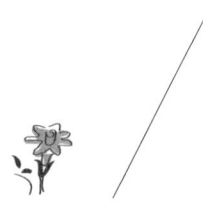

한두 집 건너 커피집이다. 늘 고객들로 북적인다. 가을비 촉촉이 내리는 오전 10시쯤에, 아니 하얀 눈 펑펑 내리는 오후 4시쯤에 마시는 커피 한 모금만큼 맛있고 따뜻한 것이 또 있을까. 코끝을 맴도는 커피 향은 사람 마음을 다독여주며 그리움에 빠지게 하는 마력을 지닌 듯하다. 또한 사람에게 말 나누기에 가장 적당하고 가장 친밀하게 만드는 소통의 매개이기도 하다. 현재 우리나라 커피집은 얼추 10만여 개라고 한다. 커피전문점이 늘어나고 경쟁력이 필요하다 보니 맛보다는 가격에 승부를 걸 수밖에 없었을까. 불과 얼마 전까지만 해도 점심값보다 더 비싼 커피값이 화제더니 이젠 심심찮게 2~3천 원짜리 커피 운운하며 승부수를 띄운다. 우리 동네만 해도 서너 평 되는 가게에 젊은 청년들만으로 이뤄진 커피집은 언제나 문전성시다. 주부들조차 테이크아웃 커피를 들고 총총걸음으로 돌아가는 걸 보면 커피는 일상의 깊은 소모품이 분명하다.

 나도 종종 커피 한잔이 심하게 당기는 날이 있다. 바로 비 내리는 날이다. 그때 길을 걷다 발견한 어느 자판기에서 빼 마시는 커피 맛은 한마디로 기막히다. 몇 년 전만 하더라도 커피자판기는 누구에게나 친숙한 길다방이었다. 눈만 돌리면 어디서나 쉽게 찾을 수 있었고 동전 서너 개만 있으면 언제나 뜨겁고 달콤한 커피를 마실 수 있었다. 간혹 어느 역이나 어느 빌딩에 있는 커피가 맛있다는 얘기까지 있을 정도였다. 자판기 옆 쓰레기통엔 흘린 커피가 찐득하게 묻어있고 마시고 버린 종이컵이 수북했지만 그런 지저분함과 비위생적인 것조차도 커피 맛에 포함할 정도로 다정했다.

예전 자판기 커피 판매 사업으로 엄청난 수익을 올렸던 사람의 말에 따르면 실제로 5년이면 집 한 채 살 수 있었단다. 하지만 이젠 옛 영화榮華로 사라진 얘기다. 자판기를 설치하는 곳도 드물지만 있다고 해도 애물단지 취급을 받는다고 한다. 커피집의 증가는 물론, 원두커피의 효능이 부각됨으로써 자판기 커피는 슬그머니 천덕꾸러기가 됐다.

우리는 늘 새로운 것을 원하고 쉽게 달라지는 현상을 그저 발전이고 변화라며 반긴다. 손에 동전 서너 개만 있으면 자판기에서 취향껏 골라 언제든 마시다가, 이젠 다소 값이 비싸고 기다리는 시간이 필요하더라도 위생과 효능을 따지며 홀대한다. 값은 자판기 커피값의 열 배가 넘지만 굳이 값에 연연하지 않고 제대로 로스팅된 원두에 전문 바리스타가 추출해 주는 커피를 마시려고 한다.

어느 것이든, 무엇이든 오래 제자리를 지키며 머무르지 않는 세상이다. 기존에 존재하는 것들을 단시간에 밀어내는 것이 문명의 힘일까. 쉼 없이 밀려나고 탄생하는 문화 속에 현대인은 머무르는 것들 속에서 답보와 진부함을 느끼는 듯하다. 기존의 것들을 오래 품고 쓰다듬으려고 하지 않는다. 그저 새로운 것이 다가오면 미련 없이 그것들을 향해 달려간다. 500원짜리 동전 하나면 몸과 마음이 세상없이 따뜻했던 자판기 커피 한잔. 이제 우리는 짤랑이는 동전 몇 개로 어떤 호사를 누릴 수 있을까. 오늘도 날카로운 카드 모서리를 만지작거리며 입에 붙지 않는 커피집 메뉴판을 진지하게 읽는다.

숨을
틔운다는 것

지난 2월, 입춘이 지나자마자 씨앗을 사러 달려갔다. 꽃양귀비, 수레국화, 샤스타데이지, 해바라기 그리고 허브의 일종인 바질도 샀다. 봉투에 적힌 파종 시기와 개화시기를 읽었다. 가을꽃을 보기 위해서는 대부분 4월 초에 파종하라고 적혀있었다. 나는 마당을 가진 형편이 아니라 화분에 심어야 했다. 터전이 여의치 않았으나 씨앗을 흙에 묻고 적당히 물을 주면 자연스럽게 꽃이 필 거라 믿었다. 3월 말쯤에 씨앗을 심었다. 나팔꽃은 작년에 채종한 것을 뿌렸다. 상토를 두어 포대 사고 화분도 서너 개 더 샀다.

모종이나 묘목을 사서 심으면 더 쉽고 꽃을 빨리 볼 수 있겠지만 나는 발아하고 새순이 돋는 것을 보기 위해 반드시 파종한다. 씨앗이 발아해서 키를 높이고 꽃을 피우는 과정을 보는 것은 봄철 내내 나를 가장 행복하게 하는 일이기 때문이다. 보통은 두어 주

후면 깨알만 하게 순이 트는데 이번에는 한 달이 넘어도 도무지 기척이 없었다. 매일 아침 눈을 뜨면서 그들을 확인하지만 아무리 들여다봐도 깜깜무소식이었다. 바람이 심하다 싶으면 비닐을 씌워 온실을 만들고 새가 난간에 앉으면 그물망을 둘러 원천봉쇄했다. 혹여 발아하지 못하고 얼어버린 것이 아닌가 싶어 바질은 무려 세 번이나 구입했다.

 제일 먼저 싹을 보인 건 해바라기였다. 조금 작다시피 한 화분인데도 무럭무럭 자랐다. 꽃양귀비도 슬그머니 싹을 올렸다. 왕성한 성장력을 보이던 나팔꽃은 이상하게 시들시들하면서 밀당을 했다. 그들의 생태계는 그들만의 것으로, 내가 관여할 영역이 아니었던 것이다. '한 송이 국화꽃을 피우기 위해 봄부터 우는 소쩍새'처럼 간절한 마음으로 들여다보고 또 들여다봤다. 이리저리 햇빛이 잘 비치는 곳으로 자리를 옮겼고 비가 오는 날이면 한 방울의 비에 키가 한 뼘 더 자랄까 싶어 잔뜩 기대했다.

 며칠 전, 아침에 습관처럼 창문을 열었다. 꽃양귀비 두 송이가 나를 반겼다. 전날 저녁까지만 해도 아무 기척이 없더니 화사하게 꽃잎을 피우고 있었다. 그 환희라니. 사진을 찍어 맨 먼저 아이들에게 전송했다. 그간의 나의 유난한 조바심을 아는 아이들은 고깔을 쓰고 축포를 울리는 이모티콘을 보내오면서 덩달아 기뻐했다. 양귀비는 잠자리 날개처럼 얇은 꽃잎에 흰색이 그라데이션 된 오묘한 주홍색을 띠고 있었다. 씨앗을 품고 줄기를 올리고 봉우리를 머금기까지 수없는 몸살을 하고 호흡을 가다듬어 색을 만들었을 것이다. 한 톨의 씨앗으로 시작해 뿌리를 내리고 싹이 트고 마침내 꽃이 되기까지 혼신을 다해 양분을 모았으리라.

어느 날, 스스로 정한 시간에 비로소 몸을 풀어 품은 색을 내보이고 같은 듯 다른 모양을 펼쳐보이는 그들의 세계. 한 송이 꽃을 피우는 것은 제각각의 우주 안에서 정해진 숨을 모은다는 뜻일 테다. 주어진 몫으로 목숨을 만들어낸다는 것, 생명을 틔우는 것들은 이토록 눈물겹다.

버려진 양말

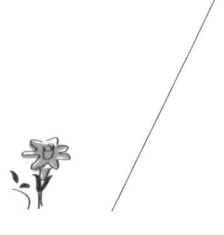

낡은 아파트 공터에 납작 엎드린 까만 물체가 보였다. 돌멩이가 뒹굴고 부서진 시멘트 조각이 어지러운 곳이지만 검은색이라 확연히 눈에 띄었다. 흙이 묻고 너저분한 모양새로 버려진 양말 한 켤레. 거기다 장마 중이라 물기까지 잔뜩 품어, 버려진 것 이상의 험한 꼴이었다. 양말을 벗어 던지고 낡은 신발에 맨발을 담고 휘적휘적 걸어갔을지 모르는 한 사람의 실루엣이 애련하게 다가들었다.

어느 작가는 "일생동안 부지런히 가족만 바라보고 살아온 남자에게 금실로 양말을 짜서 주고 싶어요. 양말이 없던 시절, 끼닛거리 부족했던 시절 검정고무신을 신었다던 그 남자는 가슴에 똬리쳤던 그 무엇을 오늘도 쫓고 있어요. 그래요. 오늘은 금실로 양말을 짜서 그 남자에게 줘야겠어요"(조성복 수필집 《양말 꿰매는 남자》 서문 중)라며 양말에 대한 의미와 한 가장의 어깨에 매달린 부양의 짐을 정리했다.

양말은 대체로 서민의 삶과 노동의 뒤안길에서 울고 웃는 물건이다. 그래서일까. 그날 오물을 묻히고 비에 젖어 뒹구는 양말은 버려짐 중에서 가장 애잔한 것으로 다가들었다. 누군가 지난한 노동이 싫어 벗어 놓고 달아났을까. 아니면 가열차게 살아내야 할 인생, 맨발 투혼을 작정하며 벗어버렸을까. 하루 종일 동동거리며 뛰었지만 노고를 인정받지 못한 사람, 그의 신발 안에서 땀에 절다가 덩달아 대접받지 못한 양말. 혹여 연일 계속된 장마에 빗물이 신발 안으로 들어와 축축함을 견디지 못해 감행했을지라도 공터에 버려진 양말은 그저 처연했다.

오래전 바느질에 빠졌던 적이 있었다. 당시 유행하던 퀼트라는 공예에 빠져 종일 천을 자르고 꿰매고 이어 붙였다. 당시는 핸드폰이 대중화되기 전이라 대부분 유선 전화기로 소통했다. 그날도 바느질에 빠져 있던 차, 벨이 울렸고 옆에서 놀던 아이가 전화를 받았다. 아이는 송신자에게 '뭐 꼬매고 있어요'라고 했다. 아마 '엄마는 뭐 하고 있느냐?'라는 질문에 대한 대꾸였을 것이다. 내가 수화기를 건네받자 그는 대뜸 "아직도 양말 꿰매 신느냐?"라며 농담 섞인 안쓰러움을 내비쳤다.

그 시절만 해도 양말은 구멍이 나도 몇 번을 꿰매 다시 신을 수 있었고 그 구멍은 구공탄이라는 별칭의 연탄과 함께 서민들의 마음을 춥게 만들었다. 특히 양말은 서민의 삶 뒤안길에 조용히 숨어서 수없이 구멍이 나고 또 꿰어지며 수명을 연장했다. 양말은 인간의 신체 중 가장 낮은 곳을 감싼다. 그래서 한 사람 생을 잇는 여정의 진실로 대변되며 땀과 냄새에서 벗어나지 못한다. 함부로 내던져지며 애먼 화풀이 대상이 되고 누군가 짊어진 삶의 하중을 고스란히 받들며 신발과 함께 낡아간다. 그날 버려진 양말의 주인공은 어떤 처지에 놓인 사람이었을까. 가장 낮은 곳에 있는 것마저 버려야 했던 사람, 부디 고난도 그 양말처럼 벗어 던져졌기를.

제3부

풍경 밖에 서다

엎드린 저녁

골목엔 밤의 흔적이 적나라하게 남아 있다. 흘린 술, 떨어진 안주 조각, 숯불의 열기가 만든 땀방울, 고기가 떨어뜨린 기름기가 굳은 채 널브러져 있다. 사람들이 지지고 볶고 구워 댄 지난밤의 여운이다. 그들의 밤을 시중들던 주인들은 지금은 무엇을 할까. 타인의 질척하고 흥분된 밤을 위한 노고가 이제야 발을 뻗고 누워있으리라.

간밤의 소용돌이가 끝난 자리는 색다른 모습이었다. 회색 플라스틱 의자들이 식탁 위에 가지런히 올라앉아 있다. 허구한 날 식탁 아래에서 굽신거리던 의자가 반대로 식탁 위에 오르는 호사를 누리는 것은 지난밤의 헌신에 대한 보상일까. 주인은 취객이 모두 돌아간 시간에 취기와 주사가 흥건하게 앉아있던 의자를 식탁 위로 엎어 놓은 하례를 베푼 모양이다. 의자는 늘 눌리거나 떠받들며 진땀 흘리는 빈천한 운명이랄 수 있는데 한 번쯤 이런 반전도 있어야 하지 않겠는가. 밤새 취객의 객기에 치도곤을 맞고 그들이 흘린 삶의 토사물을 뒤집어쓴 채 삐걱거렸을 신세였다가 대접받으며 맘껏 새침하게 식탁 위에 엎드려 단잠에 빠진 듯하다.

해질녘 종로3가 골목은 오히려 낮보다 온도가 더 오르는 성싶다. 퇴근길 모여드는 젊은이들의 열기에다 고기가 구워지는 불판의 열기까지 더해져 한여름 찜통더위가 무색할 정도다. 입추, 처서 지난 지 오래지만 여전히 잔열이 기세등등해 안 그래도 짧은 가을이라는 계절 하나를 아예 잃는 것이 아닌가 걱정될 정도다. 오후 다섯 시가 넘으면 골목 식당들은 부산해진다. 길가에 늘어선 포장마차도 잠시 묶어놓았던 한낮을 풀고 저녁을 위해 몸을 푼다. 약속 시간을 맞추기 위한 청춘들이 아직 문도 열지 않은 식당 앞에서 서성댄다. 종로3가는 낮보다는 밤을 위해 출렁거리는 것 같다.

청춘들은 마치 이 시간을 위해 하루를 사는 듯 마주 앉아 술잔을 기울이고 고기 굽는 연기에 풀어 헤쳐진 하루를 훈연시킨다. 연기는 청춘의 하루를 위무하듯 마음껏 날아다닌다. 골목은 한 사람이 겨우 지날 폭만 남기고 온통 탁자가 점령했다. 가끔 자신의 의사와는 상관없이 딸려 나온 아가가 유모차 안에서 엄마 아빠의

두서없는 수다를 듣는다거나 소란 속에서 잠들어 있기도 한다. 탁자 위에 얹힌 한 덩이의 고기에는 하루가 소금처럼 뿌려지고 쌓인 스트레스가 연소 되며 지친 일상의 노동을 다독거린다. 기름기 빠진 고기를 한잔 술에 적셔 삼키는 것은 또 하나의 다른 에너지가 되는 듯하다. 그렇게 바삭하게 또는 촉촉하게 구우면서 사람들은 하루를 털어내고 막차를 타고 집으로 돌아가리라.

요란한 밤을 견딘 것들이여, 이제 휴식하라. 다시 하나둘 불이 켜지고 황혼이 찾아들면 의자도 다시 땅에 내려앉아 사람들의 인생사 희로애락에 이리저리 끌리고 쓸리겠지만 아침에 받을 호사를 위해 기꺼이 헌신하라. 밤을 털고 엎드린 의자 위로 청신한 바람 한 줄기가 쓰다듬으며 지나간다.

오래된 구두

　골목을 걷는데 유난히 구둣발 소리가 크게 들렸다. 벽을 짚고 한켠에 서서 발바닥을 거꾸로 들어보이자 굽이 닳아 지지대 역할을 하는 플라스틱이 보일락말락 한 상태로 헐어 있었다. 그러고 보니 이 구두는 참 오래 신었다. 둘째 아이가 대학을 졸업하고 처음 면접을 보러 가던 날에 맞춰 샀던 브랜드 구두다. 검은색에 5㎝ 되는 통굽이다. 무난한 디자인이라 바지나 치마, 청바지에 신어도 별 무리가 없다. 그리고 무엇보다 바닥의 말캉말캉한 쿠션감이 좋다.
　그 구두를 신고 본 면접에 합격한 아이가 직장인이 된 지 올해로 7년, 구두의 역사도 그와 같다. 하지만 구두는 그날 이후 단 한 번도 아이와 함께 걷지 않았다. 말 그대로 철저하게 면접용이었다. 신발은 설레고 긴장감 가득한 새 길을 인도하는 역할이었다가 단 하루 바깥바람을 쐰 뒤로 졸지에 신발장을 지키며 잊혀진 여인이 되어갔다.

　어느 날 멀쩡한 자태로 신발장 맨 위에 얹힌 구두를 꺼내 신어 봤다. 다소 큰 듯했지만 불편할 정도는 아니었다. 그렇게 내 신발이 됐고 여름 한 철 빼고 세 계절 내내 나랑 가장 친한 동반자가 됐다. 하지만 너무 만만하게 취급하며 혹사시켰을까. 급기야 딸깍거리는 소리를 내며 이제 힘들다고 나 좀 돌보라고 하소연했다.

　아침저녁으로 일정한 시간에 출퇴근하는 처지이다 보니 수선 가게를 찾아 굽 갈기가 쉽지 않았다. 한번 들리기 시작한 딸깍딸깍 소리는 나날이 점점 더 귀에 크게 다가들었고 신경이 온통 거기로 쏠리다 보니 가까운 길도 걷는 게 피곤했다. 피차 서로 더는 참을 수가 없는 마지노선에 닿은 것이다.

　관심을 두니 보였던가. 어느 날 지하철 출구를 나오니 멀지 않은 곳에 구두 수선하는 조그만 부스가 보였다. 하지만 이른 시간이라 문이 닫혀 있었다. 어느 하루, 점심을 먹고 햇살 좋은 골목을 걸어 수선 가게 문을 열었다. 족히 일흔 살은 돼 보이는 여인이 난로도 없이 다소 냉기가 흐르는 비좁은 부스에 홀로 앉아 있었다.
"어머, 아주머니가 하시는 거예요?"
"네."
으레 남자일 거라고 생각한 참에 신선한 느낌이었다. 남자의 영역으로 인식된 공간에 있는 그녀의 사연이 궁금했지만 남의 사정을 지레짐작하는 것도 예의가 아닌 거 같았다. 그녀는 벗어 준 구두를 시커먼 구두약이 잔뜩 묻은 거친 손으로 만지작거리더니 허벅지에 얹고 익숙하게 펜치로 돌려 굽에 박힌 못을 빼냈다. 이어 널찍한 가죽을 굽에 맞춰 거침없이 모양을 도려내고 본드를 칠하고 못을 박았다. 그리고는 손가락에 부드러운 천을 감고 구두약을 묻혀 윤기 나게 닦았다. 불과 10여 분도 안 걸린 시간이었다.
때깔을 찾은 구두를 내 발밑으로 건네면서 한 마디 던졌다.
"좋은 가죽이니 자주 닦아만 주면 한 몇 년 더 신 것소."

수선을 마친 구두를 신고 걷는데, 발걸음이 가벼웠다. 시멘트 바닥 위에서 따각소리로 앙탈을 부리더니 털고 매만지니 이제 새 색시 웃음처럼 바닥을 스치는 소리만 들린다. 타인의 낡은 신발을 다듬고 닦아낸 어느 여인의 수고를 발에 담고 햇살 가득 머금은 길을 기분 좋게 걷는다.

그에게
낙점됐다

한 청년이 사각형 모양의 작은 종이상자를 내 눈앞으로 훅 들이밀었다. 그리고는 밑도 끝도 없이 "큰 도움을 주셔서 감사합니다"라고 미리 인사한다. 고도의 테크닉이다. 박스 안에는 50원짜리를 포함해 동전 서너 개가 들어있었다. 나이는 서른 안쪽으로 보이는 비교적 젊은 사람. 허름한 일상복에다 맨발에 슬리퍼를 신고 어깨에는 커다란 가방을 맸다.

퇴근길 지하철 안은 역시나 북새통이다. 하지만 나는 운 좋게 두 정거장 지나 자리에 앉는 행운을 얻었다. 느긋한 마음으로 앉아있는 평화를 깬 그 청년은 어떻게 서 있는 수많은 승객 사이로 나를 발견했을까. 그가 언제부터 이런 행위를 했는지 모르지만 그에게도 누군가를 낙점하는 기준이 있을 것이다. 기승을 부리는 코로나 탓에 나는 여전히 지하철 안에서 마스크를 착용한다. 마스크로 얼굴을 가린 탓에 청년이 쉽게 다가왔을지 모른다. 아마 얼굴이 온전히 드러났으면 그가 다가오지 않았을 거란 생각이 든다. 내가 그리 후덕한 인상은 아니기 때문이다.

손을 내미는 처지였으면서도 그는 외려 여유로웠고 당황한 사람은 나였다. 하지만 청년은 내가 지갑을 열까 말까를 망설이는 사이 후딱 다른 칸으로 이동했다. 오래 머뭇거리기엔 쫓는 눈길이 너무 많았을까. 아니면 원하는 것을 얻을 수 있을지 여부를 판단하는 본능적인 촉이 발동했을까. 척 봐서 아닌 사람은 아니라는 확신 말이다.

간간히 "객실 안에서 구걸하는 사람은 빨리 내리라"면서 "승객 여러분은 그들에게 적선하지 말라"는 기관사의 멘트가 들린다. 그럼에도 여전히 구걸하는 사람은 있고 그 멘트는 적당히 방관적이고 의례적으로 들린다. 승객들은 모두 통상 있는 일 정도로 치부하며 무관심하다. 언젠가 걸인에게 천 원짜리 지폐 한 장씩을 건네는 사람들을 본 적이 있다. 모두 육십은 넘어 보이는 남성들이었다. 아직은 동정할 줄 아는 정서와 인정이 남아있는 세대였다. 그 순간 안도와 쓸쓸함이 동시에 밀려왔다. 그런 행위마저 한 세대에 의해 겨우 명맥이 유지되고 이마저도 곧 사라질 풍경이 될 듯해서다.

청년 일자리는 널려 있는데 일할 사람이 없다는 여론과 청년 인력은 남아도는 데 일할 곳이 없다는 여론은 언제나 팽팽한 채 혼란을 준다. 어느 쪽 말이 맞는지 늘 난제다. 특별히 신체가 부실하다거나 인지 능력이 떨어지는 것도 아닌데 왜 그들은 생계 방편으로 구걸을 택했을까. 육체적 노동의 고통보다 차라리 타인의 질시를 택하는 것이 요즘 사람들 노동의 가치와 의미라고 하면 비난받을 일인지 모르니 다분히 조심스럽지만 말이다.

눈 깜짝할 사이에 일련의 일을 겪고 눈을 감았다. 하지만 그의 목적을 채워주지 못하고 그의 전략적인 인사를 무시했다는 것으로 머릿속이 조금 복잡했다. 와중에도 그에게 건넬 만한 현금이 있었는지 궁금한 것도 사실이었다. 요즘은 흔히 카드를 사용하는지라 지갑 안에 얼마의 현금이 있는지 아리송할 때가 있기 때문이다. 또 현금이 있다손 치더라도 난 그에게 얼마를 줘야 했을지 스스로도 판단 불가였다.

집에 돌아와 지갑을 열었다. 다행인지 불행인지 그에게 주기에는 너무 큰 지폐만 두 장 들어있었다. 만약 내가 그 자리에서 지갑을 열었다가 금액 때문에 다시 닫아야 했을지 결론 내리지 못할 미묘한 해프닝이었다.

다시 올 수 없는
시간을 건너며

한 무리의 여학생들이 긴 줄을 이루고 섰다. 재재거리는 목소리는 5월의 푸르름과 닮았다. 어느 여학교에서 단체로 이동 학습을 하는 모양이다. 학생들보다 조금 늦게 합류한 인솔 교사들에게 건네는 인사도 상큼하다. 전광판에 세 정거장 전 역에 전철이 도착했다는 문구가 뜬다. 그때 내 옆으로 두 명의 여학생이 걸어왔다. 계단 끝 격자로 만들어진 한적한 구석에 한 학생이 쭈그려 앉고 한 명은 그녀를 조금 가려준다는 느낌으로 선다. 앉은 여학생이 가방을 열더니 화장 도구가 들어있는 주머니를 꺼내 작은 손거울을 들여다보며 화장을 하기 시작했다. 문득 궁금증이 생겼다. 왜 집에서 화장을 마치지 못하고 나왔을까. 늦잠을 잤을까. 부모님의 단속을 심하게 받는 환경일까. 거기에 완성도 있는 화장을 해내기엔 남은 세 정거장이 그녀에게 어떤 시간일까도 궁금했다.

여고생이나 여중생, 아니 초등학생들조차 화장한다는 얘기는 진즉 들었고 직접 확인한 것도 꽤 오래전이다. 하긴 진하게 색조 화장을 한 남학생들도 심심찮게 보는 마당에, 화장에 새삼스러운 시선을 두는 것도 우습다.

전 역을 출발했다는 전광판 알림에, 지켜주던 친구가 앞질러 조바심을 낸다.
"빨리빨리! 빨리 정리해."
서둘러 마무리를 한 여학생이 빛의 속도로 가방에 화장품을 챙겨 넣고 지퍼를 잠그고 둘러맨다. 제법 키가 크고 날씬한 몸매인 여학생은 제 또래 무리에 끼어 있지 않았다면 분명 대학생이거나 일반 회사원의 모습이었다. 속옷이 보일까 걱정될 정도의 짧은 치마에 발목까지 올라온 앵글 부츠를 신었다. 내 눈에 패션의 완성도는 수준급이었다. 풀메이컵(Full makeup)을 마친 그녀가 전철 안에서 내 곁에 섰다. 오늘 가야 할 행선지가 처음인지, 서울역에서 내려야 할지 동대문에서 내려야 할지 친구들과 의논하는 폼은 여지없이 순진한 여고생이다. 중간중간 불안하다는 얘기가 섞이며 스마트 폰을 들여다본다. 오늘 작정하고 한껏 멋을 부렸는데 행선지를 못 찾아 헤매는 건 폼 망가지는 일일 테다.

이쯤에서 '나 때는 말이야'를 읊으면 농경사회에나 있음직한 꼰대 취급을 받겠지만 하교 후 집이 아닌 곳에서는 반드시 교복을 입어야 했던 때를 떠올리지 않을 수가 없다. 귀밑머리 단속은 물론, 손톱 검사에 소지품 검사도 겪었던 시절 이야기는 그들에게는 단군신화 같을 것이다. 눈치 있고 개념 있는 어른이 되려면 관념이나 인식에 매이지 말고 젊은이들의 흐름을 따라가야 한다고 말하지만 살아보니 모든 일은 다 때가 있었다는 것을 깨닫게 된다. 맨얼굴의 소박함이 더없이 아름답다는 것도, 조금은 허술하고 촌스러운 차림새도 그때라서 이해받고 용인됐다는 것도. 그때라서 할 수 있었던 일이 그때라서 할 수 없었던 것 앞에 서서 지금의 우리를 얼마나 풍요롭게 만드는가.

마침 빈 자리가 생기자 짧은 옷의 여학생이 잽싸게 앉아 기다란 다리를 곧게 편다. 속옷이 신경 쓰이는지 자꾸 치마를 끌어 내린다. 좀 더 편한 옷을 입고 도심의 한가운데를 거침없이 질주하고 발랄한 몸짓으로 계단을 두세 개씩 뛰어오르며 이 찬란한 시절을 만끽한다면 좋았을 것을.

멋진 그대,
김 소령

예외 없이 북적대는 지하철 출근길. 북적대는 만큼 다양한 사람들의 모습을 보게 된다. 특히 타인을 의식하지 않고 전화 통화를 한다든지 아니면 일행들과 격의 없는 대화를 나누는 사람들을 자주 목격한다. 그중 '저 이야기를 다른 사람들이 들어도 괜찮나' 싶을 만큼 남을 의식하지 않는 사람들이 있다. 특히 젊은 회사원들이 상사나 업무 이야기를 적나라하게 할 때는 나도 그곳에서 함께 근무하는 듯하다.

그날 유난히 큰소리로 대화하는 사람들이 있었다. 대화의 주인공은 2명의 군인과 연세 지긋한 남자 어르신이었다. 아침 출근길인데도 노약자 좌석은 만원이었다. 어르신은 팔순이 넘은 듯해 보였다. 중절모를 반듯하게 쓰고 단정한 코트도 걸친 게 누군가의 매무새 손길을 받은 듯 보였다. 하지만 지팡이를 짚은 채 불안하게 서 있었고 발음이 정확하지 않고 목소리는 기운이 없었다. 어쩌다 통로에 군인들과 나란히 서게 된 노인은 군인들에게 자신의 도착지에 대해 물으면서 대화가 시작된 모양이었다.

내가 그들의 대화에 귀를 기울이게 된 건 "어르신! 목적지까지 약 40분 남았어요"라는 군인의 말이 귀에 당기면서부터였다. 40분이면 거의 스무 정거장은 가야 한다. 만만치 않은 거리다. 그렇게 시작된 대화는 군인의 할아버지 연세가 95세라는 것, 그리고 나이가 들면 매사 깜박깜박하니 수첩에 적어야 한다는 것으로 확대되었다. 군인은 남녀 한 명씩이었다. 그들의 대화 속에서 남자의 직급은 소령이라는 것도 알게 됐다. 소령은 "용산에서 훈련이 있어서 간다"는 말도 자연스럽게 했다. 그리고 보니 적당히 가벼운 군장을 장착했다. 아마도 중요한 훈련은 아니지 싶다. 군인은 진심을 다해 노인과 대화를 이어 나갔고 옆에 선 여자 군인 또한 미소를 지으며 간간이 대화에 끼어들었다.

사실 노인과 공개적인 공간에서 대화한다는 게 쉽지는 않다. 대부분 귀가 어두워 목소리를 높여야 하고 그들은 지극히 사적인 이야기를 아무 거리낌 없이 화제 삼기 때문이다. 자식 개개인의 신상을 가감 없이 털어내고 손자 손녀의 직업과 나이도 나오기 마련이다. 일일이 대꾸하기엔 두서도 없고 경계도 없기에 일찍 지칠

수가 있다. 나는 방향을 틀어 그들과 가까운 곳으로 자리를 옮겨 섰다. 철저하게 제3자지만 정다운 대화를 살짝 가까이 듣고 싶어서였다. 혹자는 남의 이야기를 몰래 듣기 위한 행위라며 자칫 불쾌한 감정을 가질 수도 있겠지만 핸드폰을 들여다보며 타인의 불편이나 사정에 관심 없는 일반 젊은이들과는 다른 모습이 흐뭇했던 게 사실이다.

젊은 장교는 다정한 미소를 띠고 노인의 얼굴을 바라보며 대화에 응했다. 노인 또한 군복을 입은 젊은이를 보며 자신의 젊은 날을 떠올리며 마음 편히 다가갈 수 있었을까. 아니면 당신의 손자처럼 친근했을까. 만면에 웃음이 가득했다. 몇 정거장 지나고 노약자석에서 한 노인이 일어섰다. 장교는 재빨리 노인의 팔을 붙들고 빈자리에 앉히는 친절까지 베풀었다. 지팡이를 짚었어도 노인의 걸음걸이는 불안했다. 노인은 어쩐 일로 이른 시간에 먼 길을 나섰을까. 잠시 후 "이제 저희는 용산에서 내립니다. 아직 열 정거장이나 남았으니 출입문이 열리는 것을 잘 셌다가 도착지에서 내리시라"는 당부까지 했다.

사실 요즘 사람들은 초면의 타인과 이야기를 나누려고 하지 않는다. 더구나 약간의 도움이 필요한 사람은 더욱 회피한다. 섣불리 다가갔다가 불의의 낭패를 당하는 일이 많아 아예 고개조차 들지 않는 경우도 허다하다. 세상 탓으로 돌리기엔 너무나 삭막하고 경직된 관계들. 군인들은 그렇게 한 노인의 시간에 기꺼이 함께하며 든든함과 다정함을 선사하고 떠났다. 대한민국 육군 김지일 소령. 용산역 개찰구를 향해 씩씩하게 걸어가는 그의 손에 따뜻한 커피 한잔 들려주고 싶었다.

줄을 서다

커다란 종이가방 서너 개를 든 젊은이가 차 문을 열고 물건을 싣는다. 좁은 골목은 그 행위만으로 이미 꽉 찬다. 종이봉투는 고급스러웠고 알파벳 로고는 순식간에 봉투를 가방으로 변신시켰다. 몸을 틀자 한 매장 앞에 젊은이들이 200여 미터 남짓 줄을 이루고 있었다. 생소한 브랜드였다. 젊은이들이 선호하는 그들만의 잇템인 모양이다. 루이XX이나 샤X이 명품의 전부인 줄 아는 세대이다 보니 이른 아침부터 낯선 브랜드샵 앞에 줄을 선 것이 신기하기만 했다. 그곳엔 가방이 걸려 있었다. 어깨에 맬 수 있는 둥그런 모양으로 대여섯 가지 파스텔 색깔이 주를 이룬다. 특별한 장식도 없고 문양도 없다. 단순한 누빔으로 처리된 심플한 스타일이다.

출근 시간에 시작된 행렬은 퇴근 시간까지 계속된다. 매장 안 예닐곱 대의 컴퓨터 앞엔 직원들이 조르르 서 있고 대기행렬을 정돈하는 안내원들까지 있는 걸 보면 대대적인 행사인 모양이다. 사이즈 교환은 불가하고 색상 교환만 가능하니 신중하게 선택하라는 안내 방송이 밖에까지 들려온다. 패션도 삶의 중요한 덕목이 된 시대에, 그즈음 유행하는 물품 하나는 가져야 제대로 사는 것 같을까. 젊은이들은 "경제활동을 하는 건 내가 갖고 싶은 물건을 맘껏 사고 싶어서"라고 당당히 말한다.

기백만 원에서부터 기천만 원 가까이하는 물건, 소위 명품을 사기 위해 유명 백화점 매장 앞에서 오픈런 하고 시간은 걸리지만 해외 직구를 하고 심지어 명품을 구매하기 위해 해외로 휴가를 간다고도 한다. 그러면 비행기 값을 건진다나 어쩐다나. 명품을 갖기 위한 이런저런 이야기는 첩보영화 같기도 하고 무용담 같기도 하다. 가격이 높아야 더 많이 판매된다는 소비심리도 반전이다.

브랜드 검색을 했다. 가격이 생각보다 저렴하다. 지레 겁을 먹고 무조건 그림의 떡 취급했던 것이 조금은 찌질해 보일 정도다. 서너 개의 봉투를 들고 가던 것을, 마치 별세계에 사는 사람처럼 생각하고 뒤돌아봤던 것도 조금은 민망하다. 작은 사이즈는 커피 스무 잔 정도의 값이면 살 수 있겠다. 아니 커피를 마신다 하더라도 일반적인 명품 가격에 비하면 큰 무리도 아닌 것 같다. 아줌마

답게 안내원에게 이 가방을 사기 위한 방법이 뭐냐고 물어봤더니 인터넷에서 미리 시간 예약을 해야 가능하다고 알려준다. 난 굳이 그렇게까지 하면서 무리에 합류할 생각은 없지만 저들은 나름대로 그 과정을 거치고 일찌감치 줄에 끼었을 것이다. 미리 색깔도 정하고 사이즈도 정했을까. 기다리는 시간은 구매 이상의 설렘일 것이다.

요즘 젊은이들은 나만의 특별하면서 차별화된 패션을 즐긴다고 하지만 의외로 누구나 갖는 것을 나도 가지면서 부류에 합류하고 동질감을 느끼는 모양이다. 어쩌면 정작 물건에 대한 욕심보다 줄에 끼이면서 동시대를 아우르는 만족감을 더 즐기는지 모르겠다. 하얀 봉투를 든 청춘의 호기가 나란히 줄을 서서 한 시절을 걷는다.

지나갈게요

수도권에서 가장 혼잡하다는 전철 1호선을 이용해 출퇴근한다. 러시아워를 벗어난 시간에도 대부분 만원이다. 1호선인 만큼 객차는 낡았고 속도는 1970년대에 머물러 있다. 수시로 고장이 나고 이용객이 많다 보니 앞차와의 거리 간격도 짧아 자주 가다 서다 한다. 하지만 완행열차를 탄 듯해 차창 풍경에 따라 사색하고 향수에 젖기도 한다. 특히 저녁노을이 담긴 한강 철교 위를 달릴 때는 속도가 느린 것이 오히려 고맙기도 하다.

객실 통로는 승객들이 이중 삼중으로 겹치는 것은 예사다. 사람들은 그러려니 하며 각자 제 할 일을 한다. 북새통을 이루는 틈에서 선 채로 책을 읽는 사람도 있다. 와중에 한 여인의 목소리가 들린다. 그녀는 앞만 응시한 채 '지나갈게요'라고 말한다. 승객들은 일시에 몸을 앞으로 접거나 뒤로 빼서 길을 터주고 여인은 당당하게 그 사이를 통과한다. 같은 사람이 거의 매일 반복하는 일이다. 항상 그런다는 것은, 목표 지점이 있다는 얘긴데 그럴거면 처음에 그 지점 통로에 서 타면 될 것을 왜 매번 번거로운 그 통과의례를 거치는지 의아할 따름이다.

지하철은 가장 대중적인 교통수단이어선지 다양한 인간 군상이 눈에 들어오고 또 그들의 다양한 모습을 볼 수 있다. 사람들의 행동이나 어느 한 광경을 통해 많은 사유를 하게 되고 그들을 통해 나의 모습을 정리하기도 한다. 남을 의식하지 않고 큰 목소리로 통화하는 사람을 보면서 가급적 통화를 자제하고 핸드폰을 들여다보며 웃음을 참느라 애쓰는 사람을 보면 화면을 보는 대신 이어폰으로 음악을 듣고자 한다. 자꾸 바닥으로 떨어지는 고개를 어쩌지 못하며 잠에 취한 사람을 보며 내 잠든 모습을 상상하기도 한다. 그중 가장 이해할 수 없는 것은 지하철 안에서 이동하는 사람들이다. 어느 칸에 타든 목적지에 도착해서 내리면 될 터인데, 굳이 복잡한 사람 사이를 비집고 옮겨 다니는 이유를 모르겠는거다.

오늘도 여인의 목소리가 들렸다.
"지나갈게요…"
처음 듣는 몇몇 사람은 고개를 돌려 목소리의 주인공을 찾는다. 나처럼 익숙한 사람들은 습관처럼 몸만 움직거린다. 그 여인이 지나갈 틈을 만드느라 사부작거리는 몸짓 때문에 일순간 동요가 일지만 여인이 지나가면 사람들은 다시 처음의 형태로 적당히 퍼진다. 여인은 두세 걸음 옮길 때마다 계속 "지나갈게요, 지나갈게요"라고 한다.

어쩜 지나가겠다는 말은 그 여인의 물리적 이동뿐만이 아닌, 오늘 이 시간을 지나고 생의 한 자락을 지나가는 우리 모두에게 하는 말일지도 모르겠다. 오늘도 살아가는 모든 것들의 시간이 무사히 지나가기를.

서민 영화관,
1열 직관

　토요일 저녁에 한 단체의 문학 행사가 있어 늦은 시간에 전철을 탔다. 오후 4시가 넘었는데도 만원이었다. 잔치에라도 다녀오는 길인 지 몇몇 어르신은 거나하게 취해 단내를 풍긴다. 오종종한 모습으로 선 중년 여인 세 사람은 동창회라도 다녀오는 걸까. 상기된 얼굴로 나누는 대화 속에서 다소 가볍게 불리는 이름들이 아련한 표정 안으로 안겨든다. 이어 남자 한 사람과 돌아가며 통화를 한다. 수십 년 전 한 동네에서 더벅머리 남자애와 단발머리 여자애로 놀던 이들이 오랜만에 만나 늙어버린 모습을 보니 안쓰러웠나 보다. 수화기 너머로 들리는 남자의 목소리에 애틋함이 흠뻑 묻어있다. 아마 '네 모습이 내 모습'이려니 싶어서일 게다.

　내 옆에 선 남자는 낮술이 과음인 모양이다. 손잡이를 양손으로 잡은 채 연신 몸체를 흔들며 가끔씩 어깨를 부딪쳐온다. 나는 남자를 피해 반대 방향으로 서려고 몸을 돌렸다. 케익과 부케가 담긴 종이봉투를 발아래 끼고 앉아있던 커플이 마침 도착지에서 내린다. 그사이 자리에 앉는 행운을 잡았다. 뒷걸음질하다 쥐 잡은 격이지만 남자의 주태酒態가 만들어준 행운으로 돌리며 마음을 푼다. 그 사이 통화를 끝낸 여동창들은 오늘의 만남으로 들뜬 마음 한가득 객실 가운데 남겨두고 다음 정거장에서 우르르 내린다. 다시 찾은 그녀들의 '소녀'가 한동안 일상을 풍요롭게 하리라.

내 앞에는 고등학생쯤 돼 보이는 딸과 엄마가 서 있다. 시종일관 재잘거리는 딸의 수다가 엄마를 즐겁게 한다. 눈맞춤에 사랑이 가득하다. 딸은 엄마에게 말한다.
"요즘 엄마 도시락 수준이 나날이 업그레이드 돼가던데?"
저보다 키 작은 엄마의 어깨를 감싸 안는 딸의 찬사에 엄마의 함박웃음이 딸랑거리는 방울처럼 울린다. 사랑 플러스 행복이다. 건너편 의자엔 초등학교 5-6학년 쯤 돼 보이는 아이와 덩치가 넉넉한 엄마가 나란히 앉아있다. 딸과 오랜만의 외출일까. 엄마가 더 신나보인다. 엄마는 휴대폰 카메라를 켜서 딸아이와 사진을 찍고 싶어 한다. 아이는 엄마가 버튼을 누르는 찰나에 고개를 옆으로 돌리거나 아래로 숙이는 장난을 계속한다. 이런 행동이 서너 번 계속되다 급기야 등짝 한 대 맞고 앵글을 향하며 엄마의 즐거움에 동참한다. 찍힌 사진을 확인하는 엄마의 얼굴에 환한 미소 꽃이 핀다. 남의 행복에 스르르 감염돼 더불어 마음이 따숩다.

　전철은 길지 않은 시간에 많은 이야기와 다양한 사람들의 모습을 총천연색으로 그려내고 점점 비어간다. 나는 가능하면 전철을 타면서 휴대폰을 보지 않으려고 한다. 사람들을 바라보는 게 더 재미있어서다. 눈앞에는 휴대폰을 바라보며 고개를 숙인 사람들이 대부분이지만 그들의 표정도 각양각색이다. 특히나 화면을 보며 웃음을 참지 못하고 표정 관리하는 모습을 보면 덩달아 웃음이 나온다. 전철은 이 시대의 가장 서민적인 이동 수단이다. 오픈된 공간에서 맞닥뜨리는 와자지껄함이 불편하기도 하지만 생기를 주는 게 사실이다. 서민들의 적나라한 생활 형태와 그로 인해 풍겨나오는 냄새가 때론 비위를 건드릴 때도 있지만 그래서 인간적이기도 하다. 소소한 마음을 거리낌 없이 발산하며 사는 소시민의 모습을 눈앞에서 생생하게 보는 일은 어느 영화나 드라마보다 더 맛깔나다.

그녀가
벗었다

언제나 조신하고 나붓한 모습으로 서 있던 그녀들이 하루아침에 발가벗겨졌다. 아니 스스로 벗어던졌을까. 삼복더위에 무거운 가채를 쓰고 겹겹이 궁중 예복을 입고 있었던 여인 여섯 명이 나신을 드러냈다. 숏 팬츠와 배꼽이 다 드러나는 크롭 셔츠를 입은 여인들이 왔다 갔다 하는 것이 얄미워서 시위라도 하는 것일까. 가지런히 모으고 있던 두 손을 펴는 것도 모자라, 아예 팔을 빼서 발밑으로 내동댕이치는 대반란까지 일으켰다. 과격함에 그들의 분개가 느껴졌다. 이판사판 이제 더 무서운 것도 없다는 신호인 모양이다. 나신이 후텁지근한 골목을 일순간 냉각시킨다. 그녀들은 왜 하루아침에 반란을 일으켰을까.

여인 6명이 오랜 시간 정갈한 한복으로 성장하고 서서 골목의 수문장 역할을 하고 있었다. 매일 한순간도 웃음기를 버리지 않고 묵묵히 제 할 일을 하는 것처럼 보였다. 직무를 유기하거나 게으름 피우지 않는 모습이 우람한 체격의 남자들보다 더 든든했다. 그럼에도 눈질 한번 주지 않는 내국인들의 괄시가 서럽기도 했겠지만 어쩌다 멈춰서 눈빛 반짝이며 다정한 미소로 들여다봐 주는 외국 관광객들을 위해서 얼굴 한번 찡그리지 않고 최선의 예의를 갖췄으니 대한민국 홍보대사감이었다.

    그녀들의 나신은 매끄럽고 희었다. 짧은 바지나 미니스커트를 입고 거리를 활보해도 손색없는 몸매다. 그동안 무거운 천으로 만든 한복에 온몸을 감싼 채 단 일분일초도 앉을 수도 없는 신세였으니 하루하루 고단하고 억울하기도 했겠다. 골목을 지나던 한 청년이 나와 같은 생각을 했을까. 가던 길을 멈추고 벗은 그녀들을 향해 과감하게 카메라를 들이댄다. 나 또한 그의 곁에 서서 그들의 시위 현장을 사진에 담는다. 청년에게 나신이 된 마네킹은 어떤 의미로 피사체의 주인공이 되었을까. 단지 젊은 혈기에 벗은 여자라는 호기심 때문은 아니었으리라. 어제까지만 해도 격식 갖춰 당의를 입고 긴 머리 가지런히 땋아 내리거나 가채를 둘렀던 여자들의 갑작스런 반란이 적잖이 신선한 충격이었을 테다. 또 그런 혼돈의 시간을 거친 그녀들은 이제 어떻게 될까 궁금하기도 했으리라.

솔직히 나도 그녀들의 미래가 가장 궁금했다. 발가벗겨진 채 얇은 천 하나로도 보호받지 못하고 방치된 여인들. 그렇게 무방비 상태로 내팽개치다시피 한 그녀들은 이제 어디로 가는 걸까. 부러진 팔 다시 고쳐 달고 목욕재계하고 반짝거리는 스팽글로 장식된 멋진 드레스를 입게 될까, 아니면 우아한 털목도리가 달린 명품 코트를 걸치게 될까. 그나마 쓰레기로 버려지지 않고 근사한 용도로 환골탈태한다면 다행이겠다.

드디어 그녀들이 사라졌다. 그들이 서 있던 쇼케이스는 각종 쓰레기가 나뒹굴고 인부 몇 사람이 장식품들을 걷어내고 있다. 나신 그대로 트럭에 실려 갔을까. 어느 마음씨 따뜻한 남자가 몸에 타올 한 장이라도 걸쳐주는 호의라도 베풀었기를 바란다. 그들은 지금 어느 창고에서 추운 몸을 녹이고 있으려나. 부디 댕기 머리 풀고 웨이브 풍성한 머리에 화려한 명품 옷을 걸치는 순간까지 안녕하기를.

함께 가는
사람들

중년 여인이 청년의 손을 꼭 붙들고 거의 끌다시피 객실 안으로 들어선다. 청년은 누가 봐도 염색체 한두 개에 이상이 있어 보인다. 여인은 엄마일 것이고 청년은 필시 아들이다. 엄마는 예순 살이 가깝게 보이지만 아들의 나이는 가늠이 안 간다. 덩치만 보고 섣불리 판단할 수 없고 말투나 행동만으로는 더 추측하기 어렵다. 굳이 대놓고 관심을 가진 것은 아니지만 거의 매일 그들을 목격하다 보니 대충 9시 즈음이면 내가 타고 있는 전철에 오르는 것을 알게 됐다. 나는 대체로 같은 번호의 칸에서 타는 습관이 있는데, 그들 또한 매번 그 칸에 타면서 언제나 열리지 않는 쪽의 출입문에 기대선다. 빈자리가 있어도 앉지 않는 걸 보면 청년이 그곳에 서기를 고집하는지도 모르고 어쩌면 아들을 사람 많은 곳에 앉히지 않으려는 엄마의 의도일 수도 있겠다.

여인은 언제나 챙이 넓은 모자를 쓰고 등에는 검은색 가방을 멘

다. 청년 또한 여인의 것보다 더 큰, 같은 색깔의 가방을 멨다. 아들은 그날그날 컨디션에 따라 조용할 때가 있고 얼굴을 뒤로 젖히면서 몸을 비틀며 소리를 내기도 한다. 무언가 마땅치 않을 때는 사람들이 한 번씩 쳐다볼 정도로 큰 소리로 짜증을 낸다. 엄마는 그런 청년의 반응에 덩달아 휩쓸리지 않고 언제나 그 표정 그대로 아들의 팔을 끼고 달리는 창밖을 덤덤하게 내다본다. 여인은 자기보다 두 배는 커 보이는 청년의 팔짱을 끼거나 손을 꼭 붙들고 있다. 아들의 기분이 좋아 보이면 엄마는 손을 붙잡아 출입문에 달린 유리창에 무언가를 열심히 쓴다. 어느 날은 하트 모양을 그리기도 한다. 그럴 때 아들은 덩달아 기분이 상승되는 듯하고 때론 방방 뛰기도 한다.

어릴 적 소아마비를 앓아 스스로 보행이 어려운 후배가 있었다.

후배는 비가 오나 눈이 오나 매일 엄마의 등에 업힌 채 등하교를 했다. 당시는 지금처럼 통학 버스나 장애인 택시가 있는 것도 아니었던 터라, 걸을 수밖에 없었다. 매일 자식을 등에 업은 엄마는 지치거나 힘든 기색이 없었다. 그렇게 엄마의 철저한 보호 아래 있었던 후배는 그래선지 누구도 함부로 대하지 못했고 그 또한 신체적 장애에 주눅 들지 않고 언제나 명랑했다. 더구나 공부를 뛰어나게 잘해 오히려 선생님들이나 친구들에게 선망의 대상이었다. 그 후배는 지금 약사로 일하고 있다. 뉴스나 소설에 나오는 인간 승리처럼 들리는 이야기지만 이제 와 생각해보면 엄마의 희생과 정성이 자식을 성공한 사람으로 만들었다는 생각이 든다. 전철에서 매일 만나는 엄마 또한 아들이 어엿한 사회의 한 일원이 되기를 꿈꾸며 오늘의 고충을 안고 동행하는 중일 것이다.

  종종 장애를 지니고 태어난 자식을 돌보는 부모를 목격할 때가 있다. 나이가 적든 많든 그들은 어느 순간까지는 서로 손을 놓을 수 없을 것이라는 생각에 마음이 짠해진다. 나보다 먼저 목적지에 도착한 모자는 손을 꼭 붙들고 조심스럽게 내린다. 아들은 계단을 내려가면서 벽에 걸린 광고판을 만지려고 자꾸 엄마를 이탈한다. 아들을 붙잡느라 여인의 다리에 힘이 잔뜩 들어간다. 짜증을 내며 버티는 아들을 이끄는 엄마의 어깨가 더욱 무거워 보인다.
  출발하는 전철 안에서 잠깐 기원한다. 그들의 하루가 무사하기를. 또한 남은 날도 평온하기를.

어떤 반전

수도권과 서울 중심을 운행하는 전철 1호선을 이용하여 출퇴근한다. 느린 속도와 낡은 환경이지만 바깥 풍경을 볼 수 있다는 것을 위안 삼으며 분위기를 즐긴다. 승객은 시간 상관없이 늘 만원이다. 그래서 자리를 차지한다는 건 하늘의 별 따기다. 출퇴근 시 이용하는 교통수단이기에 일정한 시간과 통로에서 오르내리다 보니 낯익은 얼굴들이 있다. 서로 인사를 하거나 말을 나누지는 않지만, 그들이 어느 역에서 내리는지도 대충 파악된다.

난 객실에 들어서면 두리번거리며 찾는 사람이 있다. 매일 똑같은 가방을 들고 타는 한 젊은 여성이다. 빈자리를 찾기보다는 그녀를 먼저 찾을 정도다. 그녀는 대부분 의자에 앉아 있다. 그러다 나와 만나는 지점에서 7개 정도의 역을 지나 환승을 하려고 자리에서 일어선다. 그녀가 일어서면 나머지 8개 정거장 정도는 내가 앉아서 갈 수 있게 된다. 옹색해 보이지만 반복된 행위에서 체득한 1급 비밀 꼼수다.

나는 소풍 때 흔히 하던 보물찾기 한 번도 성공 못 한 '꽝손'이다. 어쩌다 얻어걸리는 불로소득이나 횡재 같은 건 없어 애당초 좋은 운은 내 편이 아닌 것으로 알고 산다. 그래서일까. 전철에서도 자리를 차지하는 행운은 쉽게 오지 않는다. 양옆으로는 수시로 앉고 내리는 순환을 하는 것 같은데 묘하게 내가 선 자리 앞의 주인공은 요지부동이다. 찍기 신공이라도 배워야 하나 싶어 때때로 실소가 흐른다.

그날 아침도 전철 통로엔 이중 삼중으로 승객이 겹치며 붐볐다. 여전히 앉아 있는 사람을 부러워하며 창밖을 내다보는 중이었다. 전철은 수시로 흔들리고 앞 차와의 간격 조절을 한다며 역이 아닌 곳에서 멈추며 느작거렸다. 출발한 지 여섯 정거장쯤 지났을까. "열차 기계에 이상이 생겨 노선이 차량 기지로 바뀌었다."며 "다음 정거장에서 모두 내리라."는 기관사의 방송 멘트가 흘러나왔다. "승객 여러분이 타고 갈 전철은 다음 역에 대기하고 있다."는 설명과 함께. 앞으로 열 정거장은 더 가야 하는데 도중에 내려 바꿔타라는 말은 스트레스로 다가들었다.

멘트가 떨어지자마자 서 있는 사람들은 출입문 쪽으로 재빨리 움직이기 시작했다. 젊은이로부터 겨우 자리 양보를 받아 막 앉은 어르신의 당혹스런 얼굴도 눈에 들어오고 이른 아침인데도 잠에 빠져 고개로 땅굴을 파는 젊은이들도 안타까웠다. 해당 역에 도착하자 승객 하나 없는 객차 한 대가 기다리고 있었다.

서 있던 사람들은 빠른 속도로 내려 그 객차 안으로 뛰어들었다. 텅 빈 의자들은 순식간에 사람들로 채워졌다. 전세는 역전이었다. 먼젓번 객차에서 앉았던 사람들이 서고 반대로 서 있던 승객들이 앉게 되는 현상. 세상은 역시 재미있긴 하다. 또한 영원한 것은 없다. '음지가 양지 되고 양지가 음지 된다'는 구태의연한 관용구가 여기서 제대로 적용이 되고 있었다. 하지만 어디서나 재바르지 못한 나는 역시나 저기서도 섰고 여기서도 서는 신세다.

앉고 서는 자리의 주인은 달라졌지만, 전철은 순순히 출발했고 승객들 모두 아무 일 없었다는 듯 기존에 하던 것을 다시 했다. 핸드폰을 꺼내 들여다보고 눈을 감고 잠을 청하고 옆 사람 아랑곳하지 않고 큰 소리로 통화를 한다.

서민들은 예측할 수 없는 대중교통 상황에도 아무런 불만 없이 순응한다. 매일 반복되는 치열한 삶을 통해 체득한 방식인 듯해 괜시리 애잔한 마음이 드는 헤프닝이었다.

강하게,
더 강하게

한 무리 고등학생들이 지하철 중앙통로에 서서 왁자지껄하다. 어디 체험학습이라도 가는 걸까. 흐뭇한 마음으로 그들을 바라보고 있었다. 그중 리더격으로 보이는 학생의 언어가 대부분 욕이었다. 학생은 곱상한 얼굴에 교복 매무새가 깔끔했다. 얼굴엔 그늘이 없고 친구들과 관계도 나빠 보이지 않았다. 하지만 꽤 원색적인 그의 욕설에도 듣는 아이들은 그다지 불쾌해하지 않고 해맑은 모습으로 동조하는 분위기였다.

반듯하고 형식을 갖춘 것이 오히려 힘을 잃어가는 것은 비단 청소년들의 언행뿐만이 아니다. 어른들조차도 자극적인 단어나 행동에 호응한다. 하루가 다르게 생겨나는 신조어들은 문법을 벗어난 지 오래다. 대화보다 문자가 우세한 모바일 시대는 그저 일반적인 단어를 나열하면 싱거워한다. 각종 이모티콘이 말 대신 날아오고 짧은 단어 몇 개로 의사를 전달받고 상대방의 의중을 헤아려야 한다. 파격적이고 육감적인 단어를 받아들이지 못하면 자칫 시대에 뒤떨어지는 취급을 받는다.

요즘 사람들에겐 길거나 오래된 것들은 지루하다. 그러니 긴 글을 보내는 것은 자칫 실례다. 거기다 문법이나 받침을 정확히 하면 고지식하고 융통성 없는 사람이 되기도 하다. 여기저기 난무하는 동영상도 필요한 부분만 순간 캡처해서 일명 '짤'이라는 형식으로 떠돌아다닌다. 대부분 굴욕감을 주는 모습이다. 사람들은 그런 영상에 반색하고 공유하며 소통한다.

가능하면 거칠고 원색적인 표현으로 남보다 튀어야 존재감이 생기고 시대를 앞서가는 걸까. 병도 그렇지만 삶의 속성 또한 지속되는 것에는 언젠가는 내성이 생겨 무뎌진다. 그래선지 강함은 더 강함을 요구하고 제어할 수 없는 수위까지 치닫게 된다.

미국 뉴욕대 제러미 월드론 교수는 지난 2012년 쓴 그의 저서 〈혐오표현, 자유는 어떻게 해악이 되는가〉에서 혐오 표현의 확장성을 지적했다. 비슷한 생각을 갖고 있는 사람들에게 '당신은 혼자가 아니다'라는 메시지를 전달해 개인의 혐오감을 그룹 차원으로 키우게 만든다는 것이다. 소수의 인종, 종교, 성, 민족, 성적 정체성을 싸잡아 비난해 '소수자들이 정상적인 사회적 지위를 누리며 살아갈 수 없도록 사회 환경을 훼손시킨다'는 것이다.

습관적으로 욕설 및 비속어를 쓰는 시대. 비정상적인 것이 정상적인 것이 되는 데는 다수의 동의와 활용이 큰 역할을 하는바, 아무리 독불장군에 독야청청해도 무리에 밀리면 당해낼 재간이 없는 것이 세상사다. 사람들은 어쩌면 그 무리에서 도태되지 않기 위해 기꺼이 발맞추고 있는지도 모른다.

강자만이 살아남는 세상에 사람들은 더 강해지기 위해 고군분투한다. 한마디 언어와 하나의 행동에 그 사람의 인격과 품위가 결정된다 해도 격하고 강한 것이 힘을 얻고 그것들에 밀리면 약자가 된다. 그래도 격조와 품위를 갖췄을 때 진정한 소통과 인간적인 온기는 자리할 것이다. '소리 없이 강하게'는 단지 물리적인 목소리의 크기만은 아닐 테니 말이다.

떠난 사람을
바라보며

 장마가 소강상태라 유난히 습한 날이었다. 오후 세 시인데 술에 취한 남자가 바닥에 누워 잠에 빠졌다. 한 중년 사내도 일찌감치 술에 취해 비틀거리며 흉상 앞에 서 있다. 남자도 딱히 할 일이 없는지 일명 송해 길이라고 불리는 종로 낙원동 일대를 배회 중인 모양이다.

 평소 땅딸막 한 체구에 탁한 음성, 너털웃음으로 대중들의 기억 속에 남아있는 그분은 지금은 고인이다. 특히 일요일 한낮, 귀에 익은 시그널 음악과 외치던 프로그램 제목은 귓가에 생생하다. 그런 몇 가지 기억을 남겨놓고 떠난 사람은 이젠 흉상으로 제작돼 오가는 사람들을 쳐다보고 있다. 자주 발걸음했던 길은 '송해 길'로 명명돼 그는 여전히 그곳에 머무르고 있다.

중년 남자는 하염없이 그를 바라보고 있다. 영상을 통해 바라봤던 연예인을 향한 눈길일 수도 있겠지만 먼발치에서도 아련한 감정을 가득 품은 게 분명히 느껴졌다. 故 송해 씨에 관한 일화는 종로 일대에 많이 회자되고 있다. 그가 즐긴 3천 원짜리 국밥은 다소 멀건 국물에 슴슴한 양념이지만 그의 너털웃음과 코믹한 말투가 섞여 농도를 더하며 여전히 주머니 사정 여의치 않은 사람들을 부른다. 흉상이 선 건물 앞에서도 만면에 사람 좋은 웃음을 띤 채 오가는 사람들의 시선을 끈다. 나보다 두세 걸음 앞서가던 여인 두 사람도 그를 언급하며 흉상을 들여다본다.

남자는 한 번씩 횡으로 흔들리는 몸체를 가누며 하염없이 바라보고 있다. 평소 술이라도 한잔 나눴던 사이였을까. 아니면 그가 건네는 넉살과 신명으로 한 번씩 신산한 삶을 잊었던 걸까. 일요일이면 들려오던 그 음악에 둥싯거리며 안에 있는 신명을 끄집어냈을 수도 있고 우리네 이웃이 부르는 노래 한 자락을 따라부르며 잠시 시름을 달랬을 것이다. 아니 100년 가까이 살다 간 사람과 함께 "사는 게 뭐 별건가요. 하루하루 재밌게 사는 것이 최고지요"라는 소회를 나누는 중일지도 모르겠다.

'사람은 죽어 이름을 남긴다'는 관용구가 아니더라도 누군가의 기억 속에 남는다는 것은 실로 준엄한 의미다. 더구나 불특정 다수의 기억 속에 남아 그리움의 대상이 된다는 것은 아무나 할 수 없는 숭고한 삶의 궤적일 터이다. 구순을 넘기고도 현역에서 열정을 다해 자기 몫을 하는 것으로도 회자됐던 예능인은 종로거리에서 여전히 서민들과 함께 한다.

샤르자의
시인

단상에 벽안의 여인들이 앉아있다. 만면에 웃음을 띤 그 사람들은 아랍에미리트의 여류시인들이다. 각각 다른 옷을 입었지만 모두 히잡을 썼다. 가장 나이가 들어 보이는 시인은 검은 바탕에 황금색 문양이 그려진 드레스를 입었고 하얀 자켓을 입은 사람은 굽이 높은 구두를 신었다. 그들 중 가장 나이가 어리게 보이는 한 사람은 연보라빛 바지 투피스를 입었다. 현대와 전통이 섞인 것이 다소 낯설다. 특히 머리에 쓴 히잡이 현대적인 패션을 끌어내리면서 아라비안나이트에 나오는 램프를 손에 쥐어주며 과거로 돌아가라고 하는 듯하다. 하지만 젊은 그녀의 시크한 듯 조용한 미소가 부조화스러운 패션을 일시에 개성으로 정돈한다.

2023 서울국제도서전에 들렀다. 전시장 입구에 마련된 아담한

무대는 주빈국인 아랍 작가들을 위한 자리였다. 단상에 앉은 그녀들은 아랍에미리트 샤르자에서 참석한 여류시인들이다. 강경희 평론가가 진행한 북토크 형식의 시를 듣는 자리였다. 비록 생김새와 언어는 다르지만 관람객 수십 명이 귀를 기울이며 시를 통해 공감하기를 바라고 있었다. 그들의 시는 자리에 비치된 통역기를 통해 우리말로 번역되고 있었다.

 진행자가 각자에게 소개를 부탁하자 하나같이 "시인입니다. 시를 쓰니까요."라고 말한다. 간단명료하다. 시인에게 시인 외에 무슨 수식어가 필요하겠는가. 들여다보면 모두 아랍 문학계에서 내로라하는 박사이면서 교수이고 여성학자들이지만 그들은 그렇게 소개할 뿐이었다.
 그중 특히 강한 인상을 준 시인이 있었다. 이름은 나자트 알-다헤리라고 했다. 다른 시인들과 달리 그녀는 전통의상인 비슈트를 입었다. 물론 히잡을 둘렀다. 그녀는 조금 수줍은 얼굴로 일어서서 낭송하겠다고 했다. 그러고는 다른 사람들의 3배가 넘은 장시를, 온 감정을 다 던져 넣어 암송했다. 조금 전의 수줍은 얼굴을 단숨에 버리고 마치 영화 〈시터 액트〉의 주인공 우피 골드버그처럼 혼신을 다해 열정적으로 시를 읊었다. 마치 한 편의 뮤지컬 같았다.

 청중들은 이어폰에서 흘러나오는 번역보다는 그녀의 몸짓을 황홀한 듯 바라보았고 알아들을 수 없는 그녀의 언어는 이미 가슴으로 찰랑찰랑 흘러들어오고 있었다. 〈사랑의 아침〉이란 시에서 그녀는 '새들이 우리를 위해 노래하고 나는 그 새를 우주에 날려보냈다'며 길을 잃은 영혼이 새로운 길을 찾고자 하는 열망을 온몸으로 들려줬다. 그녀는 자연을 노래하고 첫사랑을 그리며 못다 한 꿈을 시로 표현하며 삶의 모든 열쇠는 자기 자신이라고 말해줬다.

한 청중은 다헤리의 시를 듣고 개인적인 아픔이 치유되고 위안을 받았으며 그래서 눈물이 났다고 고백했다. 시의 힘을 단편적으로 대변한 말이다. 먼 나라에 와서 자신의 시를 낭송하고 그로 인하여 누군가의 상처가 치유됐다니 인종과 언어의 경계를 무너뜨린 진정한 공감과 소통의 시간이었다.

연필로
그리는
삽화

 칠 남매 중 셋째였던 나는 방학이면 늘 외갓집으로 보내졌다. 외가는 집에서 기차로 이십여 분쯤 가야 하는 비교적 가까운 곳이었다. 하지만 근 한 달여를 집과 가족들을 떠나있어야 한다는 건 언제나 내키지 않는 일이었다. 외가엔 아흔 가까운 증조할머니와 외할아버지, 외할머니, 갓 결혼한 큰외삼촌 부부, 그리고 미혼의 삼촌 둘이 살고 있었다.

 새댁이었던 외숙모는 손님으로 온 어린 시조카에게 불을 때서 자주 팥죽을 끓여 주셨다. 통팥 알갱이가 듬성듬성 섞인 팥죽은 정말 맛있었다. 아궁이불을 좋아했던 난 늘 밥때가 되면 아궁이 앞에 쭈그려 앉아 불을 때며 부엌에서 혼자 식사 준비하는 외숙모의 곁에서 이런저런 말벗이 됐다. 추운 겨울, 멸치만 우려내서 끓인 멀건 김칫국은 왜 그렇게 맛있었던지….

 몸집이 좀 큰 편이었던 외숙모, 특히나 하얀 고무신 모서리가 바닥에 눕혀질 정도로 넓적했던 발은 그녀의 마음을 닮았다고 생각했다. 외숙모는 끼니때마다 밥상을 세 개씩 차렸다. 꽤 높았던 부엌 바닥에서 안방 문지방까지 밥상을 거침없이 들어 올리는 모습은 언제나 대단해 보였다. 신혼이었던 외숙모의 방에선 언제나 향기가 났다. 외가 근동에 또래가 없었던 나는 신혼방의 부스럭거리는 빛깔 고운 이불을 뒤집어쓴 채 하루 종일 책을 읽거나 낮잠을 자기도 했다. 그 방에서 나던 향긋한 냄새는 지금도 내 코끝에 묻어 있는 듯하다.

 둘째 외삼촌은 특히나 나를 예뻐했다. 뉘엿뉘엿 해가 지고 다른 집 밭일을 해주고 돌아오는 손엔 언제나 과자봉지가 들려 있었다. 해 질 녘 마루 끝에 서서 저만치 가로놓인 철길을 바라보고 있으면 키 크고 마른 삼촌이 마치 신기루처럼 아른거리며 모습을 드러냈다. 약간의 건달기도 있고 외향적 성격이었던 막내 삼촌 방엔 미니 축음기가 있었다. 삼촌이 나간 틈에 몰래 축음기 LP판 위에 바늘을 작동시킬 땐 손이 부들부들 떨리기도 했다. LP판이 돌아갈 때 들리던 찌걱거리는 소리도 음률인 줄 알았던 카펜터스의 'Top of the world'는 지금도 내 추억의 뮤직룸에서 흥겹게 흐른다.

살만했던 외갓집은 그 당시 드물게 TV가 있었다. 밤이면 하나둘 모여든 동네 사람들이 안방에 가득했고 탤런트 김자옥과 이정길이 빚어내는 눈물나는 사랑 이야기를 침 꼴깍이며 들여다보곤 했다. 하루 종일 머리와 발을 까딱거려서 며느리인 외할머니에게 종종 핀잔을 듣던 증조할머니는 광고 속에 나오는 아이스크림을 보고는 천연스럽게 말씀하셨다.

"오메 짐이 폴폴 난 것 본께 저것이 참말로 따숩고 맛난 것인갑다 잉"

까르르 웃던 사람들을 아랑곳하지 않고 입맛을 다시던 모습 또한 아련하다.

하루하루 잘 지내다가도 굴뚝에서 모락모락 저녁연기가 피어오를 때, 닳아서 미끄덩해진 나무 두레박으로 물을 퍼 올려 발을 씻을 때, 날이 저물고 막차가 기적을 울리며 철길을 지날 때면 집 생각이 났고 엄마가 보고 싶었다. 그럴 땐 어둑한 외숙모 방으로 들어가 눈물을 훔치곤 했다.
마른 잔솔가지가 빨간 불길을 머금고 투다닥 튀는 소리, 가마솥 뚜껑을 밀치고 흘러나오던 끈적한 밥물 냄새, 집에 가고픈 내 마음만 싣고 속절없이 통과하던 막차의 기적소리, 밭일을 끝내고 하얀 머릿수건 툴툴 털며 토담 벽을 돌아오시던 외할머니의 회색 월

남치마. 세월은 많이도 흘러 모든 것들은 내 기억의 저녁놀 속에서 아스라하지만 때때로 내 유년의 도화지에 연필로 다시 그린다.

영역을
반납하며

한 남자가 잠에 빠져 있다. 아직 해가 한참이나 남았는데 얼굴에는 벌써 불콰한 술기운이 가득했다. 배도 불뚝 나온 데다 얼굴엔 붉은기가 가득해, 보는 이에게 심리적 온도를 더 높였다. 다리는 의자 두세 개 넓이만큼 벌리고 커다란 배낭도 의자 두 개를 걸쳐 놓아두었다. 거기에 코까지 크게 곯아가며 잠에 빠져 있었다. 불특정 다수의 대중이 이용하는 지하철 안이라는 공간에서 그는 무소불위의 자세를 취하고 있었다.

창밖에서 보면 남자의 옆자리는 두 개나 비어 보이는 각도다. 눈으로 미리 점찍어두고 뛰어든 승객들은 벌어진 총체적 난관에 멈칫하며 웅성거렸다. 남자는 잠에 깊이 빠져 보인다. 아니 짐짓 모른 척할 뿐 귀도 열어 놓고 의식도 또렷한지 모른다. 행색을 보니 누군가를 아랫사람으로 부리면서 거드름 피울만한 위치에 있는 사람 같지는 않았다. 언제나 서열 끝에서 눈치 보고 큰 목소리로 자기주장 한번 맘껏 펴보지 못하는 사람. 그는 이런 불특정 다수가 운집하는 곳에서나 한번 자리를 차지해보려는 것처럼 다리를 양껏 벌리고 있었다. 어쩌면 그렇게라도 자신의 영역을 넓히려는 심사일지 모르겠다. 내 짐작에 쿵짝이나 맞추듯 다리를 점점 더 벌렸다가 통로 쪽으로 쭉 뻗기도 했다. 무방비 상태로 자신을 부려놓은 사람 앞에 서기도 애매한 승객들은 통로 가운데서 엉거주춤했다. 남자의 속사정이야 어떻든 난감한 기색을 하면서도 차마 그를 어쩌지 못했다.

그 상태로 몇 정거장이 지났다. 멀쑥한 차림의 젊은 남자가 들어섰다. 그는 거침없이 두 개의 좌석을 점거한 남자의 가방을 뒤척거렸다. 남자를 직접 터치하는 것보다는 물건을 만지는 것으로 앉겠다는 의지를 내보인 것이리라. 순간 걱정이 되기도 했다. 만약 둘 중 한 사람이 과격함으로 맞선다면 필시 시비가 붙고 거기에 더한 상황까지 벌어질 수도 있기 때문이다. 눈을 감고 있던 남자가 본능적으로 자신의 물건이 타인의 손길을 탄다는 걸 느꼈는지 감고 있던 눈을 번쩍 떴다. 그제서야 다소 경직된 분위기임을 알아차렸는지 순순하게 배낭을 자신의 무릎 위에 얹으며 자리를 비웠다. 벌린 다리도 일순간 정리했다. 난감한 현장을 한 쾌에 해결한 남자가 자못 당당한 얼굴로 앉고 한 여성이 이때다 싶게 잽싸게 나머지 자리에 앉는다. 짧게나마 확보했던 자신의 영역을 반납한 남자의 얼굴이 뻘쭘해진다.

  남자는 무릎 위에 얹힌 배낭을 꼭 붙들고 내릴 줄을 몰랐다. 시발역에서 종점까지라도 가는 걸까. 옆자리 승객들이 교체되는 사이에도 풀죽은 얼굴로 계속 그 자세였다. 방만하게 소지품을 던져놓고 다리를 벌리고 자던 배짱은 어디로 갔을까. 순한 눈빛을 굴리며 연신 전광판을 쳐다보는 모습이 그의 진짜 얼굴일지 모르겠다. 당시 꽤나 여유 있던 자리라 무심결에 배낭을 던져놓고 다리를 제어할 수 없이 잠에 빠졌을 뿐 남의 눈이나 사정 상관 않는 이기적인 마음에서 작정한 밉상 짓은 아니었던 게 확실하다. 타인의 관념이나 행위 모두를 기꺼이 수용해야 하는 의무는 없지만 산다는 건 어쩌면 타인의 등 뒤에 깔린 또 다른 이야기를 짐작하면서 연민하는 것이 아닐까.

제4부

풍경에게 걸어가다

봄동 별곡

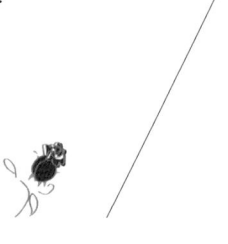

푸른 것이 그리운 즈음이다. 계절마다 자기만의 색을 지니고 뽐낸다고 하지만 겨울은 하얀 눈 말고는 대부분 색을 잃는다. 물기라고는 없어 바삭한 느낌이 나는 갈색 나뭇가지부터 화단이나 화분의 죽어버린 풀 섶의 누런빛도 딱히 색이라고 하기에는 볼품없고 애매하다.

이즈음 가장 먼저 색을 입는 것이 봄동이다. 마트의 황색 종이 상자 안에 다붓이 몸을 누인 채소가 별안간 눈 안에 생기롭게 다가든다. 총천연색 포장지를 입고 진열대에 누운 다른 상품에 비해 독보적인 색감이다. 추위에 강한 봄동은 겨울철 노지에 파종하여 봄에 수확하는 배추로 냉이, 달래 등과 함께 대표적인 봄 채소로 꼽힌다. 하지만 이중 보이는 계절감으로는 봄동이 압도적이다.

비가 내리다 금세 눈이 되며 아직도 길을 찾지 못한 날씨에 편

승해 사람들도 아직 패딩을 벗지 못하고 있다. 어느 곳은 푸짐한 적설량으로 일상이 불편하다고 하고 또 어느 지역엔 얼음 녹은 들판에 실한 뿌리를 품고 어느새 얼굴을 내민 냉이를 캐는 아낙이 앉아있다. 이런 와중에 확실한 색으로 위용을 자랑하는 봄동이 다소 성급해 보이기는 해도 반가운 것이 사실이다.

  2월 초에 입춘이 지나고 풀린 얼음이 비로 내린다는 우수도 엊그제 지났다. 누가 뭐래도 분명 봄이다. 하지만 여전히 두꺼운 패딩 점퍼나 털옷을 입으면서 조금 고민을 하는 건 사실이다. 부드러워진 바람결만 믿고 일단 얇은 코트를 걸치고 나서보지만 아차 싶다.

  봄동은 겨울 언 땅에서 자란 녀석답지 않게 짱짱한 기력을 뽐내며 사람들의 얼었던 마음을 풀어지게 한다. 차가운 물에 씻어 물기 털어내고 뜨거운 밥 한 숟가락에 쌈장 한점 얹어 먹으면 속 안

이 연두빛으로 가득할 것 같다. 하루 다르게 묵은 것이 돼가는 김장 김치도 적당히 물리는 즈음, 칼칼한 고춧가루와 고소한 젓갈에 버무린 겉절이로 상큼한 입맛을 찾고 싶기도 하다. 서너 달 계속되는 겨울에 눈과 찬바람을 맞고도 꿋꿋하게 생명력을 품은 저력은 무엇일까. 아마도 지루한 계절 속에서 운신의 폭이 좁아지고 그에 기운까지 잃은 사람들에게 몸을 깨우고 마음을 깨울 수 있는 하나의 생명력으로 재탄생하고 싶다는 의지의 발현 아닐까.

봄동은 여린 잎을 켜켜이 매달고 몸을 활짝 열어 맨 먼저 봄으로 걸어온다. 적당한 연두빛에 적당한 크기의 잎을 촘촘이 안은 봄동 한 포기를 저울에 올린다. 3천 원이 채 되지 않은 숫자가 찍힌다. 그램당 300원 남짓, 생명력의 전령이라는 막중한 무게감과는 달리 저울 위 숫자가 봄바람처럼 가볍다. 1g의 무게가 부담 없이 입 안에서 상큼하게 얹혀 볼우물 터지도록 이른 봄을 쌈 싸먹는다. 봄이라는 계절이 주는 다정하고도 산뜻한 선물이다. 봄동은 봄~똥으로 발음된다. 봄의 가벼움으로부터 슬며시 밀려 나오는 똥은 혀 위에서 자연스럽게 굴려져 나온다. 봄이라는 어미에 가볍게 실린 똥의 어감은 아무런 거부감 없이 귀엽기까지 하다. 봄이 싸는 푸른 똥은 냄새마저도 고소하다. 3천 원어치 봄을 사 들고 집으로 걸어가는 길은 이미 초록이 가득하다.

손을
흔드는
시간

 출근 시간 이용하는 지하철 역사는 다른 곳과는 달리 사방이 뚫려있다. 도심처럼 지하로 내려가는 것이 아니고 계단이나 에스컬레이터로 올라야 전동차를 탈 수 있다. 그러니 지하철이 아니고 전철이라고 해야 맞을 것이다. 지붕은 있다지만 하늘도 보이고 비가 오거나 눈이 내리는 풍경도 보인다. 비가 내리는 날에는 스산하기도 하고 눈이 내리는 날에는 흩날리는 눈송이를 맞기도 한다. 기다리는 시간은 그래서 좋기도 하고 불편하기도 하다.
 전동차가 역사로 진입하기까지 한 정거장 정도 남은 즈음, 바로 보이는 저 멀리 주택 2층에 한 사람이 나타난다. 그는 옥상 난간에 서서 누군가를 배웅하는 것 같다. 일하러 나가는 아내일까, 아니면 유치원 가는 손자일까. 높은 곳에 있는 남자만 보일 뿐 손을 흔들어 주는 대상자는 다른 건물에 가려 보이지 않는다. 남자

의 배웅 시간은 꽤나 길다. 어느 날은 발에 걸리는 무언가를 급히 치우면서까지 허겁지겁 난간으로 가는 걸 보면 그 대상자는 그만큼 소중하기도 하고 '반드시'라는 조건이 붙은 배웅 상대인지도 모르겠다. 언뜻 절박한 이별처럼 보이지만 매일 반복하는 것을 보니 다시 만나기 위한 이별인 듯해 느긋한 마음으로 그들의 이별을 지켜본다.

먼발치지만 남자는 왕성한 경제 활동을 하기에는 조금 나이가 들어 보인다. 아마 퇴직자일 수도 있고 어쩌면 병환 중일 수도 있겠다. 누구나 사는 형편과 조건이 같지는 않을 테지만 통상적인 잣대로 짐작하자면 그렇다는 말이다. 남자는 매일 열심히 손을 흔든다. 그 손짓에, 상대방에 대한 아쉬움과 연민이 함께 담겼다고 하면 조금 억지스러울 수도 있고 제3자로서 도가 넘은 오지랖일 수도 있겠다. 하지만 손을 흔드는 강도나 시간이 그것을 짐작하게 만든다. 남자는 가는 이의 뒷모습을 한참 바라보고 섰다. 이른 아침 자신을 대신해 밥벌이에 나선 아내일까. 아니면 작은 몸에 아장거리며 가방을 메고 유치원 가는 손자일까. 다만 애틋하기 이를 데 없어 보인다. 그러면서도 매일 반복되는 일이니 긴 이별이 아닌 것만은 분명해 보여 다행이라는 생각도 든다.

역사에 전철이 진입한다는 안내 방송이 들리면 어김없이 남자도 나타난다. 어느 날은 내가 탈 전동차를 기다리는 일보다 그들의 이별의 시간을 확인하는 일이 더 우선일 때가 있다. 일정한 시간에 반복되는 일이 끊기지 않는다는 것은 그들이 평화롭다는 의미이기 때문이다.

　손을 흔들어 마음을 표현하는 일이 종종 있다. 옆으로 흔들 때는 이별할 때 취하는 안녕의 인사다. 밖으로 향할 때는 어서 가라는 의미이고 안으로 향할 때는 오라는 뜻이다. 그리고 세게 옆으로 흔들 때는 거부 의사인 손사레다. 그중 가장 강렬한 의미로 다가드는 게 이별할 때 천천히 흔드는 손짓이 아닐까 싶다. 수만 단어의 말 보다 흔드는 손짓 앞에서 얼마나 많은 사람들이 눈물 흘리며 떠나던가. 매일 아침 반복되는 남자의 손짓은 돌아올 사람에 대한 잠시의 이별 인사일 터다. 남자는 아침에 이별의 손을 흔들지만 어쩌면 저녁 시간 어느 쯤엔 옥상 난간 그 자리에서 돌아오는 사람에게 어서 오라며 손을 흔들지도 모르겠다.

조락凋落의 시간

마치 폭격자처럼 낮아진 기온이 일상을 강타했다. 며칠 전까지만 해도 11월 더위 운운한 터라 더 당혹스럽다. 사람들은 하루아침에 두꺼운 겉옷을 걸치고 종종걸음 친다. 무엇보다 부드러운 땅의 기운과 따사로운 햇볕의 호사를 누리던 식물들의 조락이 눈에 들어온다. 전날 흠뻑 내린 비에 젖고 차가운 기온에 직격탄을 맞은 식물들은 아듀를 고할 틈도 없이 하루아침에 몸을 옹그리고 땅으로 파고들 기세다. 베란다에서 지난여름 내내 꽃을 피워대던 나팔꽃잎과 바질도 하루 된서리에 폭삭 널브러져 꼴이 말이 아니다. 이른 봄 파종된 뒤 하루하루 무성하게 잎을 피우던 나팔꽃은 8월이면 매일 서너 송이씩 꽃을 피워내 나를 행복하게 했다. 하지만 어느 날 홀연히 찾아든 비둘기 가족이 둥지를 틀어 나팔꽃의 터를 초토화시켰다. 그들이 맘껏 쏟아내는 배설물에 몸살을 앓고 시들

시들하더니 에둘러 퇴락의 길로 걸어간다.

여름 내내 무성하게 벽을 덮고 초록의 극치를 보이던 담쟁이덩굴도 마찬가지다. 작열하던 태양에도 과감히 맞서 푸름을 잃지 않고 당찬 기개를 펼치고 며칠 전까지도 붉게 물들어 고혹적인 자태를 자랑하더니 하루 사이에 잎은 마르고 가지는 앙상해져 볼품없다. 하지만 어딘가 초연해 보이기도 하다. 자연의 순환과 섭리 앞에 버틸 재간은 없다는 것을 스스로 알고 있는 까닭이리라.

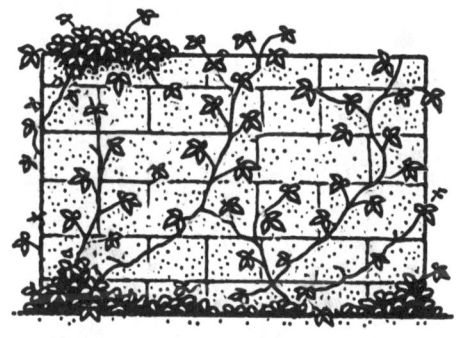

초록잎을 가면 삼아 민얼굴을 감추던 벽도 비로소 맨몸이 드러난다. 군데군데 부서지기도 하고 얼룩이 졌지만, 교묘히 감춰졌던 실체가 적나라하다. 벽 또한 기운을 잃고 말라가는 가지의 퇴락이 안타깝기는 하지만 도리가 없는지 망연히 이별을 치르는 중이다. 무성한 것이 사그라드는 시간은 유독 속도가 빠르고 드러난 실체는 초라하다. 그러나 잎이 다 떨어지고 겨우 뼈대만 남아 벽에 매달린 가지 사이에 촘촘히 박힌 씨앗들은 아직 살아있음을 알리며 잉태의 소명을 다한다. 한 해를 살아낸 것에 대한 전리품인 듯해 장하고도 애틋하다. 아무런 흔적조차 남기지 않고 그냥 갈 수 없다는 저항이면서도 한 철 내내 잘 살아있었다는 것에 대한 표식이기도 하다. 결코 푸른 이파리에 색감이 뒤지지 않는 적갈색 씨앗들은 푸른 것만이 다 좋은 것은 아니라고 외치는 듯하다. 물기를 머금은 땅의 기운과 살진 태양의 당김으로 짱짱하게 위로만, 위로만 향하던 생물들은 이제 자의 반 타의 반 기운을 빼고 흙의 품 안으로 엎드린다. 이때쯤은 낮게 스며들어야만 다시 생명을 얻을 수 있다는 생의 섭리에 순응하는 것이리라.

그렇다면 사람의 시간은 어떨까. 젊음이라는 물리적조건과 거기에서 파생되는 푸른 기상으로 겁 없이 전진했다. 푸르다는 것으로, 무조건 적인 응원과 보호를 받으면서 언제나 당당하고 기운이 뻗쳐 한 시절 호기롭게 살았다. 하지만 시간이 흐르면 너나 나 할 것 없이 기운이 빠지고 늙게 마련이다. 그러면서도 푸르렀던 시절에 대해 아쉬워하고 상심한다.

한 시인은 '가야 할 때가 언제인가를 분명히 알고 가는 이의 뒷모습은 얼마나 아름다운가.'(이형기의 〈낙화〉 중)라고 했다. 그러니 사람 또한 떠나는 시간에 대해 좀 더 담대할 필요가 있을 것이다.

12월, 소생보다는 퇴락하는 것들을 지켜보는 시간이다. 시들어버린 나팔꽃 마른 가지를 뽑아내는데 검은 씨앗 예닐곱 개가 후드득 떨어진다. 이제는 흙이 그것들을 품고 또다시 생명을 만들어야 할 시간이다.

호박을 말리며

 봄에 파종된 씨앗이 여름날 숙성의 시간 안에서 무성히 몸을 키우고 열매를 맺어 사람들에게 보답하는 10월이다. 많은 것들이 혁신적인 변화를 보이고 있지만 근본적인 먹거리까지 데리고 마구 내달리는 것 같지는 않아 그나마 감사함을 느낀다. 농부는 물론, 대다수의 사람들이 풍성하게 열매에 탄성을 지르고 보는 것만으로도 배불러 한다.

 전원생활을 하는 지인은 텃밭에서 딴 둥그런 호박 하나를 건넸다. 연초록색을 띤 호박은 부드러운 아이의 엉덩이 같았고 표면도 꼭 그만큼 보드라웠다. 아마 그대로 밭에 두었으면 더 커지고 노랗게 농익어 한겨울 풍미 가득한 호박죽으로 추위를 녹여주는 음식이 됐을 것이다. 하지만 풋호박은 이쯤의 숙성에서도 입맛을 돋울 수 있는 요리로 변신할 수 있으니 꼭 아쉬울 것도 없다. 두툼하게 썰어 갈치조림에 넣어도 별미이고 청양고추 섞어 전을 부쳐 먹어도 좋으리라.

　10월의 햇살은 어느 때보다도 다사롭고 부드럽다. 살풋하게 부는 가을바람을 데리고 노니는 폼을 보면 나는 오히려 5월보다 더 멋진 계절의 여왕이라고 말하고 싶다. 휴일 오전 거실로 들어서는 햇살 한 줌에 문득 냉장고로 들어간 풋호박을 떠올렸다. 한기보다는 햇살을 묻혀 놓고 싶었다. 여린 호박은 칼질도 부드러웠다. 베란다 구석에 세워진 채 몸을 펼 일 없던 채반을 꺼내 호박을 나박나박 썰어 가지런히 펴 담았다. 집에서 가장 햇볕이 많이 들어오는 곳에 채반을 고이 모셨다. 촉촉한 단면이 햇살과 바람에 물기를 뺏기기 시작했다. 사나흘 뒤 바싹 말라 몸피는 줄었지만 호박은 단단해졌다. 어설픈 풋내를 버리고 곰삭은 맛을 품었으리라.

　현대인들은 햇볕을 차단하기 위한 노력을 꽤 한다. 우선은 피부보호를 위해 외출할 때면 자외선 차단제를 두툼하게 바른다. 농촌에서도 밭일할 때 눈만 빼놓고 드러나는 살갗을 전면 봉쇄한다. 하지만 이런 햇살이 아쉬울 때가 많다. 매일 실내에서 시르죽죽 마르는 빨래를 하루쯤 뜨거운 햇살 아래 말리면 얼마나 좋을까 싶기도 하고 두꺼운 겨울 이불을 솜에서 바사삭 소리가 날 정도로 햇볕 아래 일광욕시키면 온기가 더할 것도 같다. 그리고 맨얼굴로 마루 끝에 앉아 해바라기하며 마음을 말리는 꿈도 꾼다.

물기를 뺏긴 것들은 유연성을 잃고 맛이나 성질을 변화시킬 것 같지만 호박은 햇볕이 주는 감미를 머금고 그 맛이나 영양가를 더할 것이다. 또한 물기를 머금어 곰팡이가 생기거나 부패할 수 있는 것이 햇볕이라는 방부제가 들어가니 더 오래 보관할 수도 있는 것, 문득 사람과의 관계를 생각한다. 우리는 마모되고 경직된 것을 부정이나 실패라고 여기며 어쩌든지 촉촉하게 만들어야 한다고 생각하기 일쑤다. 그래서 흔히 억지로라도 웃거나 물 한잔 또는 차 한잔을 건네며 다가선다. 하지만 오히려 물기를 뺀 담백하고 바삭한 관계야말로 더 건강하고 오래 유지되는 것이 아닐까. 바람이 섞인 가을 햇살이 호박으로 스며들어 인위적으로 만들 수 없는 맛을 품는 것처럼.

파꽃이 피었다

　베란다 가득 화초를 들여놓고 만지작거리는 재미를, 아는 사람은 다 안다. 작은 씨앗이 움을 틔우고 꽃 한 송이가 필라치면 탄성이 나온다. 틈틈이 화원에 들러 색색의 제라늄을 비롯해서 스킨답서스나 아이비를 사들였다. 가을엔 국화 화분 한 개라도 사야 제대로 계절을 맞는 통과의례처럼 여겼다. 하지만 어느 날 신상에 커다란 진통을 한번 겪은 뒤로 화초 하나도 기르는 것이 쉽지 않았다. 물리적 공간은 물론이거니와 마음의 여유를 잃어버린 상황에 가족 아닌 생물을 챙기고 돌보는 일이 짐처럼 여겨졌고 사치 같았기 때문이다. 화사한 봄볕에 가뭇없이 노곤한 날에는 형형색색 꽃을 담은 화분들이 유혹했지만, 일부러 시선을 거두었다. 특히 가을 국화가 풍성한 화원 앞에서는 서러움까지 느꼈다.

　어느 날, 친구는 모양이 귀여운 화분 세 개에 이름도 모를 약초 몇 뿌리를 심어 주며 길러보라고 했다. 내키지 않았지만 받아 들고 와 베란다에 쪼르르 놓았다. 하지만 얼마 가지 않아 시들시들해졌고 화분은 다시 흙만 담긴 채 구석으로 밀려났다.

파 한 단은 거의 열 뿌리 정도가 묶여있다. 파는 대부분 음식에 꼭 필요한 양념이지만 보관이 쉽지 않고 특유의 냄새가 있다는 단점이 있다. 보통은 냉장고 야채칸에 보관한다. 그러나 냉기에 금세 시들시들 마르고 짓무르며 시간이 지날수록 냄새는 더 진해진다. 그러다 잘게 썰어 일회용 봉투에 담아 냉동실에 얼려 보기도 했지만 얼어버린 파는 질겨지는 속성이 있어서 그것도 딱히 실용성 있는 보관법은 못됐다. 그나마 겨울엔 베란다에 두고 필요할 때마다 한 뿌리씩 사용하지만, 그마저도 다 먹기 전에 잎과 줄기가 마르기 일쑤였다. 하지만 뿌리는 흙을 털고 깨끗이 씻어 천연 양념으로도 쓰니 버릴 것 없는 채소이기도 하다.

문득 구석에 있는 화분이 눈에 들어왔다. 흙은 이미 담겨있겠다, 파를 뿌리째 심었다. 놀랍게도 한 달을 두어도 싱싱했고 그때그때 뽑아 먹는 재미도 쏠쏠했다. 생물은 흙 속에서 비로소 원기를 얻는 것이 분명했다. 파 몇 뿌리로 인해 뜬금없는 텃밭 일구는 재미까지 느꼈다. 잎만으로도 충분히 풍미를 뿜어내는 녹색 화초도 아니고 시간 지나면 화사한 꽃을 피울 것은 아니지만 무언가 생명이 자라고 있다는 것만으로도 집에 화색이 도는 듯했다. 싱싱하게 자라는 파가 화초 역할을 톡톡히 했다. 나 또한 흙의 기운을 느끼며 원기를 되찾는 것 같았다.

어쩌다 궁여지책으로 화분에 심긴 파 몇 뿌리가 의외로 초록을 뽐냈다. 그러던 어느 날, 파 줄기 끝에 목화솜처럼 몽실한 것이 보였다. 하얀 파꽃이었다. 매운 기와 냄새를 다 버리고 꽃이 될 동안 얼마나 담금질하고 부대낌을 겪었을까. 몽실몽실 솜털 머금은 하얀 파꽃이 촛불처럼 베란다를 밝히고 있었다.

'향기조차 감추고/ 수수하게 살고 싶어/ 줄기마다 얼비치는/ 초록의 봉헌기도/ 매운 눈물은/ 안으로만 싸매두고/ 스스로 깨어 사는 조용한 꽃' ― 이해인 시 〈파꽃〉 중

맵고 알싸한 속성을 버리고 피어난 파꽃 송이가 촛불로 피어나 내 일상의 제단을 밝히는 듯하다.

반려(伴侶)를
반려(返戾)하는 일

   전철 차창 밖으로 펄럭이는 현수막에 쓰인 단어 하나가 눈에 꽂혔다. 그 단어는 먼저 공포와 함께 다양한 상상력을 동원했다. 사체. 스치듯 지나온 상태이다 보니 온전한 문장을 다 읽지 못했다. 내내 그 단어와 연결될 수 있는 문장만 맴돌았다. 하지만 누구나 다 볼 수 있도록 드러나게 표기한 일이니 숨기고 가려야 하는 불온함이나 불법적인 일은 아닐 것이라는 분석은 됐다.
   귀가하는 전철을 탄 후 작정하고 아침과는 반대 방향에 섰다. 자질구레한 폐기물이 잔뜩 쌓여있는 그곳은 쉽게는 고물상, 전문적인 용어로는 폐기물 처리장이라고 해야 맞을 것이다. 크고 작은 고철부터 망가진 가전제품이 마당에 잔뜩 쌓였고 그 가운데 걸린 현수막에는 다소 생뚱맞은 '반려동물 사체 처리'라는 문구가 쓰여 있었다. 아침에 보다만 문장을 확인했다는 만족감보다는 알 수 없는 서늘한 기운이 온몸을 휘감았다.

　반려동물이 인간의 생활권에 깊숙하게 파고든 지 오래다. 그들은 한낱 집을 지키거나 쥐를 잡는 용도가 아닌, 이제는 인간들이 상전 모시듯 극진한 형국으로 변했다. 타인처럼 드나드는 가족보다는 늘 곁에 있는 그들을 더 소중히 여기며 마음을 주는 게 사실이다. 어쩌면 많은 것을 갖고 누리면서도 미처 채워지지 않은 마음의 허기와, 만연한 개인주의로 사람으로부터 채우지 못하는 외로움 탓이리라. 그들을 위한 호텔이 있고 카페가 있고 또 필요한 용품은 다양하고 고급스럽다.

　가까운 지인들만 해도, 노화된 강아지를 유모차에 태워 산책시키고 비싼 외제 스테인리스 물병에 담긴 물을 먹인다. 또 강아지 기일이라고 회식을 거절하고 일찌감치 퇴근하는 사람도 봤다. 또한 지인은 회사 옆에 반려동물 납골당이 있는데 고급 승용차에서 내리는 사모님의 통곡 소리를 거의 매일 듣다시피 한단다. 10년 넘게 키우던 강아지가 자연사하여 납골당에 간 친구는 종사자들이 진정성 있게 예우하는 모습에 더 애도의 마음이 생기더란다. 어쨌거나 예전엔 상상도 안 되던 이질적인 세태인 건 분명하다.

　그러나 반면에 참으로 비정한 게 인간이기도 하다. 품고 쓰다듬다 마음이 다하거나 병이라도 들면 학대하는 일도 부지기수다. 산 채로 쓰레기통에 버리고 높은 곳에서 던지고, 그리고 아무 데

나 버린 채 뒤도 돌아보지 않고 달아난다. 거기다 죽기라도 하면 사후 처리에 고심하며 골치 아파한다.

　미국의 J.R 에컬리 교수는 "개에게 삶의 목적은 단 한 가지 '마음을 바치는 것'"이라며 개와 인간 사이의 관계를 정리했다. 생각해 보면 이 말은 인간보다는 개에게 더 무게 중심이 기울어진 듯하다. 그렇게 단 한 가지 숙명인 '마음 바치는 일'을 다 하고 떠나면 사후에는 '처리'라는 이름 앞에 내던져지는가. 생활용품 폐기장에서는 주인에게 바친 마음을 반려 받아 일정 금액을 받고 처리해준다. '마음'의 값은 덤일까, 폐기일까.

까꿍, 웃어보자

한복을 곱게 차려입은 젊은 부부가 한 아이를 안고 있었다. 신록이 눈부시고 바람 살랑대는 5월의 고궁은 흰 저고리와 검은색 치마를 입은 젊은 엄마와 그에 깔맞춤한 두루마기를 입은 아빠, 그리고 연분홍 한복과 꽃무늬 자수가 놓인 조바위를 쓴 아기의 출현으로 완벽하게 조화를 이루고 있었다.

그들 앞에는 카메라 플래시를 터뜨리는 여성과 그 옆에 더 어릿한 여자가 한 명이 서 있었다. 여성 사진사는 연신 이러저러한 자세를 요구하고 아이를 안은 부부는 만면에 웃음을 지으며 그의 요구에 맞추기 위해 애쓴다. 하지만 아이는 아랑곳하지 않고 버둥댄다. 조바위도 거추장스럽고 차려입은 한복은 더위에 귀찮을 뿐이다. 이때 보조 직원이 방울이 달린 장난감을 흔들어댄다. 그래도 아무 소용이 없자 급기야 '곰 세 마리가 한집에 있어, 아빠곰 엄마

곰 애기곰'이라는 노래를 율동까지 섞어 부른다. 자꾸만 분산되는 아이의 시선을 집중하기 위한 방편이리라. 점심을 먹고 햇살을 받으며 산책하러 나간 참에 본 고궁의 풍경이다.

짐작컨대 아이의 돌사진을 찍는 모양이다. 요즘은 아이의 돌잔치는 예전하고는 많이 다르다. 예전에는 집안 어르신들과 친지들을 불러 음식을 나눠 먹으며 1년 동안 건강히 자라준 아이를 축복했다.

가장 하이라이트인 돌잡이도 많아 달라졌다. 예전에는 박사나 교수가 되라며 연필, 수명을 길게 한다는 무명실 뭉치, 아니면 판사봉이 전부였다. 하지만 요즘은 종류도 다양해졌다. 앞에 언급한 것 외에도 마이크, 축구공, 청진기 등이 놓인다. 오히려 연필이나 실뭉치를 집으면 다소 실망스런 탄식이 나오고 어른들이 원하는 것을 잡도록 유인한다. 돌잔치 장소 호텔이나 고급 레스토랑에서 획일적인 잔치를 하는 듯하다. 이런 일을 전담해주는 대행업체가 난무한다. 전문 진행자가 진행하며 돌상은 배치되는 물품이나 규모에 따라 가격이 천차만별이다.

나는 작년에 치른 손자 돌잔치를 통해 이런 과정을 생생하게 경험했다. 가만히 들여다보면 정작 주인공은 아이가 아니라 어른들이다. 아무것도 모르는 아이는 이런 어른들의 행차에 부록처럼 달려가 일찌감치 녹초가 된다. 그러니 아무리 보조 직원이 갖은 노래를 부르고 온갖 도구를 이용해 얼러도 아이의 표정은 점점 굳어질 수밖에.

어쩌다 한번 아이가 활짝 웃는 모습을 순간 포착해야 하는 사진사 얼굴 또한 전의에 불타며 초조감이 가득하다. 보조 직원은 곰 세 마리가 성과 없자 송아지와 학교종을 부르고 딸랑이와 강아지 인형이 동원되며 더 용을 쓰지만 효력은 점점 떨어진다. 그녀의 얼굴 또한 전혀 즐겁지 않다. 아이는 계속 칭얼대다 결국 울음을 터뜨렸다. 아빠 엄마의 얼굴에도 미소가 사라지고 한복 매무새도 흐트러진다. 사진사는 결국 주변에 서서 엄마 미소를 띠며 관람하는 객들 탓으로 돌린다. 아이의 관심을 끄는 외부 장애물이 너무 많다고.

나는 두 돌을 앞둔 아이를 키우는 큰딸에게 이런 상황을 실시간 전달했다. 딸은 '솔직히 너무 피곤하고 부모나 아이 모두 이게 무슨 일인가 싶을 것'이라는 경험자의 변을 보내왔다.

추세와 스타일이 '요즘'이란 시대성과 합을 이루는 일이 비단 이뿐이겠는가. 지극히 전통성을 지니고 그에 의미를 부여하며 격식을 갖춰야 하는 관혼상제가 이런 시류에 발 빠르게 합세한다는 것이 안타깝다. 거기다 정작 주인공들은 아무런 권한 없이 철저히 자손이나 부모의 선택이라는 것도 아쉬운 일이다.

오늘은
어디로
갈까요?

　환락이 끝난 자리는 공허하다. 북적임이 잦아든 공간은 유난히 적요하다. 청춘의 역동적 피돌기와 젊은이의 성지라고 명명된 물리적 장소의 프라이드가 합쳐져 불야성을 이루며 온도를 높였던 종로3가. 밤의 환란이 지난 공터에는 밤새 질주했던 포장마차 두 대가 초췌한 모습으로 잠들어 있다. 청춘의 포효와 밀어가 서로 섞여 행선지가 헷갈리면서 달리다가 멈추기를 반복했을까. 지쳐서 뻗었다. 그래선지 아침이라는 청량한 시간을 감싼 햇빛마저도 쓸쓸하다. 밤새 열정과 울분도 굽고 고기도 굽던 탁자와 의자들도 아직도 잦아들지 못한 연기를 바닥에 깔고 앉아 끈적하다. 밤의 열락은 산화되지 못한 공기를 껴안거나 골목 구석구석에 진한 얼룩을 남긴 채 널부러졌다.

　검고 투박한 고무끈으로 허리가 묶인 주황색 마차에는 미처 떼지 못한 차표가 달려있다. 제주행도 있고 부산행도 있다. 고객들은 어떤 연유로든 제각각 사정에 맞는 행선지를 선택했을 것이고 홀로 또는 동행자와 승차했을 것이다. 그곳은 유년의 추억을 한껏 품고 있는 고향일 수도 있고 누군가와 다정했거나 쓸쓸했거나 아팠던 기억이 담긴 여행지이기도 할 것이다. 추억을 잊기 위함일까, 새록새록 돋아나는 추억을 소환하려는 것일까. 주황색 포장은 그들의 이런 아프기도 하고 울분에 차기도 하고 또는 즐겁고 행복한 이야기들을 싣고 함께 웃고 우느라 다리도 뻐근하고 귀도 먹먹할 것이다. 그래선지 묶인 허리가 잘록하다.

공터를 지나 골목을 조금 걸어 들어가니 호남선 개찰구가 있다. 마차를 타지 못한 사람들은 그곳에서 광주행이나 목포행 티켓을 끊고 야간 기차를 탔으려나. 그도 저도 아니면 고흥행을 끊었어도 좋으리라. 부산으로 향하다가 목적지를 목포로 변경한들 또 어떠리. 동행자와 마음만 맞으면 동서남북 어디로나 내키는 대로 골라잡아 하룻밤에 훌쩍 떠났다 돌아올 수 있으니 가성비도 좋고 심적으로도 부담 없다. 더구나 여행 가방 없이 마음만 꾸리면 되니 몸도 가볍다. 그 끝에는 낙원도 있으리니.

문득 식당이나 술집에 유독 지명이 많은 이유를 생각해 본다. 전국 각지에서 모여들어 서울에서 터를 잡은 사람들. 광주 집은 그대로 푸근하면서도 구수한 전라도의 감흥이 담겨있을 터이고 제주도와 부산 또한 그곳의 아름다운 풍광과 정취도 함께 실려 있으리라.

 오후 다섯 시만 되면 골목은 이미 열기로 가득하다. 번호가 꽂힌 야외 탁자는 만석이고 줄을 선 대기자들은 그들이 들이키는 술잔에 함께 침을 삼키며 기다림을 즐긴다. 그사이 한 젊은이는 쏟아지는 땀을 연신 훔쳐내며 숯에 불을 붙인다. 그도 훗날의 즐거운 줄서기를 예약하면서. 오늘도 사람들은 마차에 올라 푸른 물결 일렁이는 제주 애월 해변을 달리고 해운대 모래사장에서 폭죽을 터트리기도 할 것이다. 어디든지 훌쩍 떠나고 싶은 사람들은 종로에서 포장마차를 타라.

그녀의
혼술

오후 4시가 주는 느낌에 마음을 기울이던 적이 있었다. 무심한 해넘이 안에서 새삼스럽게 일상의 평화에 감사를 느끼기도 한다. 그리고 잠시 잊고 지내던 사람과 그들의 일상 안부가 궁금해지는 시간. 문득 반가운 사람들과 조우라도 한다면 더할 나위 없으리라.

그날 찾은 광장시장의 오후 4시는 바깥의 부산함과는 사뭇 다른 움직임이 느껴졌다. 일상이 시들할 땐 시장을 찾으라고 했던가. 5월의 청신한 바람이 열심히 드나든다고는 해도 이미 달궈진 프라이팬으로 시장 안은 후끈했다. 각종 전이 지글지글 익어가고 순대며 족발이 윤기를 머금고 객을 맞고 있었다.

일찌감치 자리를 잡고 낮술을 즐기던 손님들 소주병은 벌써 두

제4부 풍경에게 걸어가다

세 개씩 비어있었다. 우리가 찾은 곳은 '전라도집'이라는 간판이 붙어 있는 가게였다. 즉석에서 회 뜬 광어를 비롯해 문어, 소라, 해삼 등이 모둠 안주로 나온다. 함께 간 일행은 손님이 많아 순환이 잘 된 탓인지 싱싱하다고 흡족해했다. 우리는 모둠회와 함께 막걸리와 소주를 시켰다. 꼭 인원수에 맞게 시키지 않아도 된다고 한다. 5인이지만 2인분도 좋고 3인분도 좋단다. 이 또한 재래시장이 지닌 유연성이며 인심이리라.

통로 양쪽엔 다양한 가게가 늘어서 있고 중앙에는 나무 식탁을 가운데에 두고 역시 나무로 만든 투박한 의자가 마주 본 상태로 놓여있다. 따로 몇 팀이어도 멀리서 보면 일행처럼 보이는 구도다. 그날 우리가 서성대자 미리 와 전작을 즐기던 일행이 급히 일어서며 자리를 비워준다. 일행 중 한 분의 얼굴이 유독 환히 펴지며 분위기를 선점한다. 우리 뒤로도 남자 두 사람과 여자 한 사람이 따라 들었다. 그들도 격의 없이 우리 곁에 앉아 술을 시키고 안주를 주문했다. 시장이 주는 분위기 탓이었을까. 왁자지껄한 주변 환경에도 불구하고 기분은 상기되고 서로에게 더 집중할 수 있었다. 형식 없는 대화에 목소리는 더 커지지만 거기에 덩달아 웃음소리는 옥타브 높아졌다.

얼마 후 세련돼 보이는 젊은 여성 한 명이 우리 뒤를 서성였다. 그녀 또한 거침없이 안주와 소주를 주문하고 내 옆으로 끼어 앉다. 일행들은 몸을 움직여 여성의 자리를 더 넓게 만들어 줬다. 여자는 혼자 왔노라고 했다. 회사원인데 언젠가 먹었던 회 한 접시가 생각나 반차를 쓰고 왔단다. 테이블에 앉은 모두는 탄성과 함께 '멋지다'라는 구호 아닌 구호를 외쳤다. 여자는 수줍게 웃으면서도 입맛을 다시며 몸을 당겨 자리를 잡았다. 마침내는 다른 일행 중 한 명인 여자 분과 술잔을 부딪치기도 했다.

1인 가구가 많아졌고 혼밥이니 혼술이니 하는 관용어가 익숙해진 세상이다. 세상은 나날이 다양해지고 있지만 오히려 그래서 더 '혼자'인 사람이 많아졌다. 하지만 여전히 혼자는 뭔가 부족하고 외롭다는 인식이 가득하다. 여자는 불특정다수가 운집하는 재래시장에서 휴가를 내고 순전히 자신을 향해 소주 한 잔을 기울이고 과감하게 처음 본 사람들과 술잔을 부딪친다. 그녀는 자연스럽게 혼자 술을 따르고 혼자 들이켰다. 우리가 나눈 이야기에 적당히 귀 기울이는 듯한 번씩 시선을 주며 웃기도 했다.

퇴근 즈음이어선가, 사람들은 점점 더 밀려들었다. 양은 쟁반에 쌓인 음식이 점점 높이를 낮추고 빈 술병이 늘어나는 만큼 주변은 더 소란스러워졌다. 이것이야말로 일상의 생기이고 사람 사는 맛이 아니겠는가. 홀로 온 여자에게 술 한 잔 건네지 못한 것이 못내 아쉬웠지만 그녀는 결코 외로워 보이지 않았다.

반듯하면
재미없어요

　어느 블로그에서 독특한 커피숍을 발견했다. 집에서 1시간 이상 떨어진 곳이었지만 내비게이션에 의지해서 찾아갔다. 외관은 일제시대 정미소처럼 약간 허름해 보였다. 따로 막지 않은 슬레이트 천장에 얼기설기 엮어진 서까래가 샹들리에를 대신하고 있었다. 인테리어는 철사를 어지럽게 엮어 늘어뜨려 놓은 것이 전부다. 크고 작은 테이블과 각양각색의 의자들이 질서 없이 대충 자유롭게 놓여 있었다. 하지만 입구에 많은 사람들이 차례를 기다리며 서 있었다.

　지난 여름, 딸아이 생일에 찾아간 식당도 마찬가지였다. 음식점 이름도 ○○컨테이너였고 공사장에서나 볼 수 있는 플라스틱 안전모에 다양한 메뉴가 적혀 있었다. 인테리어는 철제앵글 선반에

나사와 각종 공구가 가득한 유리병이었다. 더 당황스러웠던 건 말끔하게 생긴 청년이 즐거운 시간 되시라며 하이파이브를 제안한 것이다. 엉겁결에 응했지만 독특하고 즐거운 경험이었다.

언제부턴지 사람들은 밋밋한 것에 호감을 보이지 않는다. 오랜 통념 안에 갇힌 것이나 일반적인 것에 권태를 느끼고 식상해한다. 가능하면 자극적이고 기발한 반전을 원한다. 그래서 요즘의 식당은 요리사가 한 음식을 그저 돈 내고 사 먹는 곳이라는 일반적인 개념이 아닌 듯하다. 물리적인 배고픔을 채우는 것이 아닌, 한 시대를 풍미하고 즐기는 곳으로 자리매김하고 있다. 차별화된 메뉴와 장소에서 문화와 개성의 허기를 메우는 걸까.

경제가 발달하면서 먹고 사는 문제는 절박함에선 조금 벗어났다는 생각이 든다. 삶의 질이 높아지면서 '어떤 곳'과 '누구'와 '무엇을'에 가치를 두기 시작한 것이다. 배부른 돼지보다는 차라리 배고픈 소크라테스가 되겠다는 말로 정신적 허기와 갈증을 토로한다.

예전에 음식점은 조금은 화려하고 고급스러운 분위기로 집과는 차별화됐다. 한껏 장식한 테이블과 그에 어울리는 음악, 거기에 정중한 서비스를 받으며 식사 시간만큼은 왕족 대접을 받았던 기억. 하지만 요즘은 어떤가. 고정관념과 형식을 깨트린 파격적인 곳이 대세다.

스마트폰이 대중화되면서 유난히 음식점이나 찻집 포스팅이 쏟아진다. 입소문이 난 곳이면 거리와 시간은 상관없다. 줄을 서서 기다려도 감수한다. 누가 어떤 사진과 글솜씨로 소개하느냐에 따라 그 음식점과 찻집은 쉽게 어필됐다 사라지곤 한다. 근데 가만 보면 이런 입소문은 음식 맛은 기본이지만 독특한 인테리어와 운영방식이 큰 영향을 끼치는 듯하다. 독특하거나 파격적이지 않으면 외면당하는 세상이다. 고정관념이나 형식이 깨져야 살아남을 수 있다. 그러다 보니 오래 방치됐던 허름한 창고가 커피숍으로 변하고 공사장 공구나 넣어 둘 법한 컨테이너가 파스타와 피자를 파는 레스토랑이 된 것이다.

문득 따뜻한 아랫목에 방석이 깔리고 상다리 휘어지도록 반찬 가짓수 많은 요리 집에서 반듯하게 앉아 경건한 식사를 하던 어르신들은 이런 음식점을 보면서 어떤 생각을 할까 싶다. 아마 십중팔구 도대체 정신 사나워 밥이 어디로 넘어가는지 모르겠다고 하며 혀를 끌끌 찰지 모르겠다.

하얀 바람

눈이 내린다. 아니 송이가 작고 사선으로 날리는 걸 보니 눈발이라고 해야 맞겠다. 예전에는 눈은 비와 달리 그대로 맞아야 더 어울리는 물상이었고 오히려 낭만적이라고 생각했다. 하지만 이제 일상의 물리적인 불편함과 자칫 건강을 위협하며 주의를 요하는 것으로 다가든다.

그날 아침, 출근길에 눈이 내렸다. 우선은 눈이 내린다는 사실만으로 살짝 반갑기는 했다. 그러나 바람까지 세게 부니 약간의 부침으로 다가온 게 사실이다. 크기가 작고 가벼운 눈송이는 팔팔 날리는 풋눈이었다. 눈은 땅에 닿기가 무섭게 어디론가 사라져 버렸다. 쌓이지 못하고 풀풀거리는 눈은 차라리 바람이었다. 사선으로 부는 하얀 바람은 도로에 그대로 내려앉아 낮은 파장으로 흘러가며 나부꼈다. 횡단보도에 서서 흩날리는 눈송이를 가만히 보고 있으니 어쩌면 내가 사랑했던 사람들도, 끝내 사랑하지 못한 사람들도 모두 오늘의 눈송이처럼 작고 하얀 사람들이었을지 모른다는 생각이 들었다. 하나같이 오래전 기억 속으로 사라져 아득하고 희미한 것을 보면.

눈은 한겨울의 전령 같은 상징적인 존재다. 하늘에서 태어나 지상 어딘가에 닿아서 녹을 때까지가 눈송이의 생일 것이다. 그러니 어쩌면 바람에 떠다니는 순간들이 가장 빛나는 절정이리라.
사람도 많이 다르지 않다. 각자의 삶의 깊이와 의미는 천차만별이다. 한세상 살아가면서 온 마음이 정점에 다다르고 그 성취감에 빠져서 누리는 시간은 의외로 짧다. 사람들은 그 짧은 시간 동안 사랑하고 미워하며 기뻐하고 슬퍼하다 아파하는 등 모든 감정의 순환을 겪다가 떠나는 것. 문득 너무 뜨겁게 살 일도, 너무 차갑게 살 일도 아니지 싶다. 그저 겨울 다음에 봄이 온다는 착한 순리로 살아가면 되는 것이 아닐까.

올겨울은 비교적 따스했다. 봄이 제법 빠른 걸음으로 오나 싶었다. 하지만 느닷없이 강원도 대관령 일대에 폭설이 내렸다는 소식이 아직은 겨울임을 상기시킨다. 뭉텅뭉텅 쏟아져 내린 눈은 일상을 괴롭히는 덩어리다. 움트던 새순은 아이쿠나 하며 줄행랑이고 흰 눈에 덮인 산야는 샤갈의 눈 내리는 마을 따위를 떠올리는 건 사치라고 일러준다. 때맞춰 비 내리고 바람 불고 눈 내려주는 것도 자연의 보시일 터, 간혹 모른 척 시침 떼며 심술을 부릴 때는 발을 동동거릴 수밖에 없다.

 강원도로 귀농한 지인은 앞마당에 수북이 쌓인 눈을 전송하며 '푸른 것들의 소생이 하세월'이라고 한숨이다. 하긴 땅 천여 평은 진즉에 다져 놓았지만 호미랑 쇠스랑 상표도 떼지 않은 초보 농부에게 눈이 쌓이고 얼어버린 땅은 안타깝기만 하리라. 그는 땅이 부드러워지면 파헤쳐 사과나무를 심고 매실나무를 심을 꿈에 부풀어 있다. 하지만 하얀 눈 아래서 꽁꽁 얼어버린 땅은 언제 몸을 풀어 뿌리를 품어줄지 아득하기만 하다. 그래도 '너란 봄'은 이 모든 것을 이기고 먼 길 돌아 끝내 우리에게 돌아오리라.

중년
세레나데

약속 장소를 종각에 있는 대형 서점으로 잡았다. 조금 일찍 도착하여 둘러본 서점에는 다양한 장르의 책들이 개성 있는 표지 옷을 입고 진열돼 있었다. 간간이 책을 들춰보고 있는 나이 지긋한 남성들이 보일 뿐 서점은 너무나 한산했다. 책을 읽지 않는다는 우려에도 불구하고 서점은 오히려 중년 남자가 많이 찾고 그들의 구매량도 늘어나고 있다는 서점의 통계가 있었다. 이들은 주로 심리나 인문에 관한 책을 구입한단다. 아마도 그동안 돌보지 못하고 방치된 '내 안의 나'를 찾는 방편인 모양이다. 점점 밖으로 나가는 여성들과 사뭇 대조적이다. 젊은 세대들로부터 당하는 사회적인 소외와 가족에게 배척당하는 위치에서 택한 자구책인가 싶어 씁쓸하지만 내가 그려 놓은 파이프 담배와 서재 속의 중년 남성에 부합하는 것 같아서 흐뭇한 것도 사실이다.

적당히 살진 얼굴에 희끗희끗한 귀밑머리, 약간 느리고 낮은 음성, 파이프 담배와 서재는 내가 그리는 중년 남성의 이미지다. 정갈한 올림머리, 적당히 살찐 허리, 미디 길이의 치마 정장, 조용한 음성에 온화한 미소는 중년 여성의 실루엣이다. 모두 온유함과 배려, 관조, 이해라는 단어와 부합되는 이미지다.

중년中年에 대한 사전적인 풀이는 '대략 50세에서 65세 사이에 있는 사람들로 인간의 인생에서 장년에서 노년 사이의 단계'다. 싱겁고 단순한 해석이다. 하지만 요즘의 중년여성, 특히 '아줌마'는 미모는 평준화되고 성 정체성을 잃고 약간은 몰염치한 제3의 성으로 비하되는 게 사실이다. 이들은 대부분 시댁에서 대접 받지 못한 설움을 안고 있고 자식을 위해 헌신한 스스로를, 한 가정의 희생양으로 치부하고 있다. 뒤늦게 '나'를 찾으려고 울타리 밖으로 나가는 불안정의 나이에 30~40년 가까이 산 남편의 존재를 귀찮아한다. 식당이나 커피숍엔 이런 여인들 천지다. 그간의 가부장적 전통에서 겪은 설움을 설욕이라도 하는 듯 이젠 바깥에서 그들의 영역을 구축하고 있는 걸까. 남편은 40년 가까운 치열한 노동을 통해 경제적인 여유를 주었고 그것은 이제 그녀들의 자유와 일탈에 든든한 뒷받침이다. 여기에 세상은 그간의 억압과 불평등에 보상이라도 해 주듯 갈수록 배려와 포용을 해준다.

인간 수명 100세는 기정사실화됐다. 이는 청년과 중년의 기간이 더 길어졌다는 뜻이기도 하고 그 긴 시간을 무엇인가로 채워야 한다는 숙제이기도 하다. 중년은 타인의 간섭이나 교육 없이 본인의 판단과 선택이 100%이며 철저하게 그 책임까지 져야 하는 나이다. 100세 시대에 50~60세의 나이는 절반밖에는 살지 않았다는 말이다. 살아온 만큼 남은 생을 또 살아내야 한다.

 자식 세대로부터 물러나 적당한 잉여 인력으로 남을 수는 없는 것. 경제 전선에서도 완전히 벗어날 수 없으니 건강 또한 필수다. 가장으로의 책임도 멋졌고 어미로서의 헌신도 충분히 아름다웠던 사람들. 그동안 의무의 강박과 억압에서 벗어나 나 자신 속으로 조금 더 깊이 들어가 스스로에게 보상해야 할 시간이다. 이에 남성이나 여성 모두 이제부터 진정한 자아를 찾아야 하고 여기에 자기 성찰을 통한 격조와 품위를 갖추기 위해 책만 한 것이 있을까. 책 속의 귀한 문장들은 온화한 마음과 서늘한 이성과 청명한 눈빛과 초원같이 넓은 가슴으로 부르는 나를 향한 멋지고 아름다운 세레나데다.

멀티플레이어

 예전엔 공부할 수 있는 곳이라면 의당 학교나 도서관이었다. 숨소리 내기도 눈치 보일 정도로 조용함이 필수고 그것이 예의였던 곳. 그런데 요즘은 음악이 흐르고 사람들이 이야기로 북적거리고 밖은 자동차 소음 천국인 커피숍이 새로운 공부방으로 부상했다. 어느 커피집이든 노트북을 펼치고 앉아 공부를 하거나 업무를 하는 사람들을 흔히 만난다. 학생들뿐만이 아니다. 나이 지긋한 어른들도 모습도 심심찮게 보인다. 마흔 넘은 나이에 아이 아빠인 조카도 승진시험을 앞두고 공부하러 가는 곳이 동네 커피숍이라니 할 말 없다. 이 풍경 또한 시대적인 트랜드인 것 같아 신기하면서 재미있다는 생각도 든다.
 공부는 고도의 집중력이 요구되는 부분이다. 집중력을 위해서는 주위의 분위기도 환경도 한몫할 터, 그 북새통 속에서 어떻게

공부가 될까 싶지만 묵묵히 모니터를 들여다보고 책장을 넘긴다. 심지어는 눈은 책을 향해 있지만 귀에는 이어폰이 꽂혀 있고 적당히 몸을 흔들기도 한다. 동시에 귀로 듣고 눈으로 보고 머리에 저장하는 그네들은 명실공히 멀티플레이어.

언젠가 커피숍 공부 효과가 소음이나 분위기보단 옆 사람에게 받는 효과가 더 크다는 연구 결과가 실린 기사를 본 적이 있다. 장소가 열악하고 수선스럽더라도 상대방의 집중한 모습을 보면 덩달아 집중력이 높아진다는 것이다. 또한 적당한 소음이 오히려 조용한 곳보다 집중력을 더 높여 준다고 한다. 예전 아이들이 공부하면 발소리조차도 조심스러웠던 배려는 괜한 헛수고며 지나침이었는지도 모르겠다.

어린 시절, 어른들은 성공하려면 한 우물을 파야 한다고 수없이 말했다. 나 또한 아이들에게 그것을 강조했다. 뭐든 파고들고 집중하지 못하는 아이들을 보며 진득하지 못하다고 잔소리했다. 지금 생각해보면 정작 정신적, 물리적 악조건을 만들어 준 것은 어른들인데 아이들의 정서를 염려하고 미래를 불안해했다는 생각이 들어 미안해질 때가 있다.

갈수록 버라이어티해지는 세상에 하는 일도, 해야 할 일도 많은 젊은이들. 그들은 어쩔 수 없이 멀티플레이어가 돼서 그들만의 세상을 꾸려갈 수밖에 없을 것이다. 다변화하는 시대에 막간을 이용해 커피숍에서 하는 공부도 어쩌면 변화된 외부적인 조건과 환경을 수용하는 그들의 방식이며 자생력일 것이다. 오히려 포기하거나 방임하지 않고 꿋꿋하게 그렇게라도 흘러가는 세상 변화에 적응하는 것 같아 다행이라고 해야 할까. 하지만 불쑥불쑥 안쓰러움과 씁쓸함이 느껴지는 것도 사실이다.

음악이 쿵쾅거리고 사람들의 얘기 소리가 소란스럽게 넘치는 곳에서 흔들림 없이 집중하고 있는 젊은이들의 모습도 어쩌면 이 시대의 한 단면일 터, 그렇다고 만남이 필요하고 담소가 필요한 장소에서 우리들이 무조건 목소리를 낮추어야 할까. 아니면 그들의 눈치를 보며 테이크아웃 커피잔을 들고 바깥 공원으로라도 자리를 옮겨야 할까. 도서관이 아닌 공공의 장소에서 한 자리 차지하고 공부하는 젊은이들을 나무라고 눈살 찌푸릴 권리는 없다. 어디까지나 선택은 그들의 몫이고 그렇게 다채롭게 영위되는 세상을 살아가는 그들의 방식이기도 하니까.

우리들의 노래

    일터 옆은 누구나 다 아는 도심의 명소다. 어쩌다가는 문학과 문화의 향기가 흐르고 신명 나는 축제가 열리기도 하지만 시위의 함성과 그들을 제지하는 호루라기 소리가 더 많이 들리기도 한다. 대부분 생존권이 달려 있거나 국가의 중대사가 걸려 있어 긴장감이 흐른다. 그들은 자신들이 원하는 것을 플래카드나 깃발에 문장으로 적어 표시하거나 함께 연대하며 우렁찬 육성으로 호소한다. 그러다가 마음을 대변하는 노래로 그 간곡함을 전하기도 한다. 스피커를 통해 퍼져 나오는 노랫말은 절박한 그들의 마음을 닮아 더 귀에 쏙쏙 들어온다. 평소에는 맥없이 몸의 신명을 끌어내기만 하던 멜로디도 그날은 더 장엄하다.

    오늘도 멀리 그녀의 목소리가 들린다. 한때 그녀의 노래는 청춘

이고 희망이었다. 숏컷 머리에 낡은 청바지를 입고 통키타를 치며 특유의 맑은 목소리로 길 잃어 방황하는 청춘의 가슴을 달랬다. 7~80년대 대한민국 격동의 시기에 우리는 〈아침이슬〉을 들으며 의기충천했고 〈이루어질 수 없는 사랑〉을 들으며 사랑의 원류를 더듬었다. 또 그의 노래는 잔잔하면서도 인간의 본원적인 외로움을 일깨웠다. "사람이 꽃보다 아름답다"라면서 인간 존중을 외치고 "인생은 나에게 술 한 잔 사주지 않았다"라며 고독의 시원始元을 시니컬하게 노래했다. 하지만 어느 사이 그들의 노래는 노동가가 되고 민중문화의 대명사가 돼 투쟁 현장의 단골 레퍼토리가 됐다.

세상살이란 게 개인이든 조직이든 많은 문제가 도사리고 있게 마련이며 그러다 보니 어떤 방법으로든 문제의 실마리를 풀어가고자 한다. 그들도 처음부터 거리로 나서지는 않았을 것이다. 작게는 한 개인에게 하소연하고 어느 매체에 글을 남기면서 자신의 처지를 알리고 그에 공감과 응원을 구한다. 그간의 방식에 효과는 미미했고 급기야 온몸으로 절박함을 호소하며 밖으로 나왔을 것이다. 내 말에 귀를 기울이고 그에 합당한 해결을 요구하는 가장 적극적인 방법이다. 하지만 매일 반복되는 그들의 호소가 누군가에게는 몇 토막 단어의 구호로 그치기도 할 것이고 누군가에게는 진지하게 귀 기울이며 함께 분노하고 문제를 깊이 인식하는 시간이기도 할 것이다.

바야흐로 봄이다. 몇몇 청춘남녀는 그들 절박함의 옆에서 흥겨운 노래를 들으며 무심히 청계천을 거닐고 커피를 마시며 흩뿌려진 봄빛에 눈부셔한다. 연두빛 새순이 용트림하는 가로수를 올려다보며 덩달아 화사한 봄날의 향연을 꿈꾸는 모습이다. 갈급함 끝에서 매일 목청을 높이는 그들과 평화로운 자신의 일상 안에서 무심히 오가는 사람들이 묘한 대조를 이루는 순간이다.

살면서 답답하고 억울한 일을 경험하지 않은 사람이 얼마나 될까. 하지만 무엇에건 끝은 있게 마련이다. 원하는 목표나 목적을 달성하면 그들도 돌아가고 다소 날 선 심상의 노래도 그칠 것이다. 자의든 타의든 수용하거나 때로는 포기나 철수하는 것으로 마무리하고 귀환할 터, 이제 투쟁가나 노동가가 아닌, 나만의 플레이리스트에 들어있는 촉촉하고 달달하고 흥겨운 노래를 들으며 마음에도 봄물을 들일 것이다. 어쩌면 그 시간까지 묵묵히 기다리고 바라봐줘야 하는 것이 비참여자인 우리가 할 수 있는 최선의 배려이고 존중일지 모른다.

그대
관리하시나요

　얼마 전 선물 받은 이용권으로 성형외과에서 피부 관리를 받았다. 그날 내 옆 침대에 중년 여인이 누워있었다. 그녀는 관리사와 두런두런 이야기를 나눴다. 나이가 73세라는 것도 알 수 있었고 말투나 얘기 내용에서 지금껏 꽤 잘 살아왔고 지금도 남 부러울 것 없는 듯했다. 근데도 그분은 "좀 더 젊었을 때 관리하지 못한 것이 지금 가장 후회된다"고 했다.

　잠자리에 들기 전 세수를 하고 화장대 앞에 앉았다. 여러 종류의 화장품이 빼곡하다. 예전에야 겨우 로션이나 크림 정도로 단출했지만 지금은 주름방지용 아이크림, 까칠해진 피부에 촉촉함을 보장한다는 에센스, 밤사이 수면하는 동안 피부재생까지 해 준다는 수분크림까지 셀 수 없을 정도다. 하루의 먼지를 씻어 내지만 그 위로 바르는 화장품은 대여섯 가지니 피부는 언제쯤 숨을 쉴까 싶기도 하다. 더구나 난 오늘 누에고치에서 추출한 성분이 함유된 팩까지 얼굴에 덮어썼다. 참으로 호사스럽고 요란스런 관리다.

언제부턴가 피부는 물론 몸매까지, 드러나는 외모는 '관리'라는 이름으로, 때로는 자존심으로까지 연결된다. 얼굴의 잡티나 잔주름, 몸에 붙은 군살 여부에 따라 자신에게 하는 투자까지 가늠하게 되니 이 또한 변한 세태다. 먹고 살기에 급급했던 시절엔 하루 세끼 밥이 보약이었고 최대의 행복이었다. 하지만 이젠, 예전에 있는 집 사람들 보약으로나 음용됐던 꿀이며 홍삼까지 미용용품으로 이용되고 있으니 좋아진 세상이라고 해야 할지 그것들의 가치 추락을 통탄해야 할지 모르겠다.

우리나라 의술이 발달했다는 것을 사람들의 달라진 외모에서 가장 쉽고 확실하게 느낀다. 얼굴의 주름을 펴는 것은 감기약 한 봉지 먹는 것만큼 간단하고 각진 턱을 깎아 갸름하게 만드는 것도 예사다. 허벅지 살을 떼어내 얼굴을 빵빵하게 만들고 몸에 있는 지방을 빼내 날씬한 몸매를 만들기도 한다. 예뻐지고 젊어지는 일이라면 목숨을 담보 잡히기라도 할 것 같은 태세다. 식물도감에나 있음 직한 희귀한 식물에서 좋은 성분을 뽑아내고 심지어 태반을 이용하고 금가루가 함유된 화장품도 있으니 젊어지기 위한 몸부림은 어디가 끝일까. 화장품 광고 속에는 그 화장품이 만들어 낸 '아름다운 여인들'이 넘친다. 그것을 바르면 주름 하나 없이 매끄러운 피부를 가질 수 있고 여신처럼 아름다워질 수 있다는데 가격이 얼마던 그게 대수며 원료가 무슨 상관이겠는가.

 십수 년 만에 만난 여고 동창들. 앞자리에 앉은 친구 얼굴에 잡힌 주름살 몇 개에서 그간의 삶을 단번에 유추해 낸다. 나보다는 얼굴에 주름이 많고 더 두둑해 보이는 허릿살에 순간적으로 한 번 더 웃는 여유를 부린다. 제아무리 교양이 넘치고 마음이 넓고 고상한 인품을 갖췄더라도 또래보다 더 늙어 보인다면 인정받지 못하는 세상인 것 같아 씁쓸하지만 그것이 외모지상주의 현실이다. 요즘 세상은 나이를 거스르는 사람이 승자다.

 어느 때까지는 곱게 나이 든다는 것에 자연스럽게 생기는 주름과 군살까지도 그의 인품과 품성에 묻혀서 포용 됐었다. 심지어 연륜에 따라 생기는 자연스러운 노화는 아름답기까지 했다. 하지만 지금은 자칫 자기관리 소홀과 노곤한 인생의 담보물처럼 여겨지는 세상이다 보니 그 속에서 파생되는 괴리감은 행복의 척도가 되기도 한다.

 문득 나도 나이가 더 들면 지금 부지런히 관리하지 못했던 것을 후회하게 될는지, 과연 이 나이에 내가 관리해야 할 것이 단순히 얼굴에 생긴 주름과 몸에 붙은 살이어야만 하는지. 하지만 피부관리실을 나오면서 주름이 한 개쯤 펴지고 한 살쯤 젊어 보일지도 모른다는 생각에 기분 좋았던 걸 보면 나도 별수 없을 것 같다.

담쟁이의
푸른 기상

오래된 골목에 그만큼의 역사를 안은 찻집 외관을 담쟁이가 감쌌다. 한 틈도 보이지 않아 시멘트벽인지 흙벽인지 구분도 안 된다. 작은 뿌리와 약한 가지에서 뻗어나간 파란 이파리 군락은 가히 위압적이기까지 하다. 뿌리는 자신이 잉태해 내보낸 나약한 줄기가 융성하게 뻗어나가 잎을 펼친 게 뿌듯한지 마음껏 위세를 부린다. 푸른 이파리에 쌓인 외벽은 바라보는 것만으로도 시원했다. 그 무성한 푸름은 사람의 마음 안으로 들어와 마술 부리듯 금세 청량한 집 한 채를 더 짓는다. 찻집 안은 이미 푸름을 마시고 들어온 사람들 때문인지 만석이어도 여유롭게 보였다.

담쟁이넝쿨의 서사는 생명력이다. 꺼져가는 생명의 마지막 희망으로 상징되는 오 헨리의 〈마지막 잎새〉에 담긴 짙은 서사는 불후의 명작이 되기에 손색없다. 푸름으로 시작된 마지막 한 잎이 의미하는 생명력은 눈물겹다. 거기다 담쟁이는 고대 그리스인들의 머리에 쓸 화관을 만드는 데 쓰였다니 그 의미가 더욱 선명해진다. 담쟁이는 어쩌다 온 벽을 푸른 잎으로 덮을 만큼 억센 팔을 가졌을까. 초록이 지닌 기세등등함으로 담장을 감싸고 기어올라 한 건물 전체를 덮는다. 융성한 초록 군단의 위용, 이때만큼은 초록은 결코 지칠 일 없고 가을의 쇠락 따위는 두렵지 않다.

시인들이 이 푸른 잎새가 지닌 기상을 그냥 지나칠 리 없다.

'담쟁이는 서두르지 않고 앞으로 나아간다/ 한 뼘이라도 꼭 여럿이 함께 손을 잡고 올라간다/ 푸르게 절망을 다 덮을 때까지/ 바로 그 절망을 잡고 놓지 않는다/ 저것은 넘을 수 없는 벽이라고 고개를 떨구고 있을 때/ 담쟁이 잎 하나는 담쟁이 잎 수천 개를 이끌고/ 결국 그 벽을 넘는다' 도종환 〈담쟁이〉 일부

'담장 끝/ 너를 보듬어 오르다 보면/ 그때마다/ 사랑이니 뭐니/ 그런 것은 몰라도/ 몸으로 몸의 길을 열다 보면/ 알 길 없던 너의 마음/ 알 것도 같아/ 캄캄했던 이 세상/ 살고 싶기도 하다' 손현숙 〈담쟁이〉 일부

'우리들의 사랑은 노래가 아니라/ 달라붙는 것임을/ 달라붙어 소리 없이 넘어서는 것임을 알았다/ 그리하여 벽은 더 큰 사랑이 되고/ 더

큰 절망이 되고/ 절망은 뿌리박고 살며/ 뿌리박고 넘어서는 일임을 알
았다' 윤재철의 〈담쟁이〉 일부

시인은 푸름으로 절망을 덮고 그 푸른 기상으로 세상을 다시 살고 싶은 의욕도 얻는다. 또한 사랑은 달라붙어 소리 없이 넘어선다는 새로운 정의도 내놓는다. 이 얼마나 유연하고 미려한 인식론인가. 아가 손바닥만 한 잎새가 날마다 몸피를 불리고 세력을 넓혀 한 채의 건물을 다 덮을 때까지 서로 손을 잡고 몸을 기대 연대한다. 각자도생해야 하는 치열한 삶일지라도 서로 손잡고 살아가야 한다는 가르침이다. 담쟁이는 벽을 벽이 아닌, 감싸 안을 대상으로 여기며 끈끈하게 붙든다. 작열하는 여름빛에 지친 사람들은 투박한 시멘트 외벽을 감싼 담쟁이의 푸름에 탄성을 지르며 그 속으로 망설임 없이 흡인된다.

이주옥 수필집

이주옥의 풍경 하나

인 쇄 2024년 10월 28일
발 행 2024년 11월 01일

지은이 이주옥
발행인 서정환
펴낸곳 수필과비평사
주 소 서울시 종로구 삼일대로 32길 36(익선동 30-6 운현신화타워 빌딩) 305호
전 화 (02) 3675-3885, (063) 275-4000
이메일 munhakin1@naver.com, essay321@hanmail.net
출판등록 제300-2013-133호
인쇄·제본 신아출판사

저작권자 ⓒ 2024, 이주옥
이 책의 저작권은 저자에게 있습니다. 서면에 의한 저자의 허락없이 내용의 일부를
인용하거나 발췌하는 것을 금합니다.
COPYRIGHT ⓒ 2024, by Lee Juok
All rights reserved including the rights of reproduction in whole or in part in any form.

ISBN 979-11-5933-550-1 (03810)
값 13,000원

Printed in KOREA